호응 관계연구

호응 관계연구

송현정 著

우리가 모어 화자로서 사용하고 있는
국어는 다양하고 특징적인 현상을 보인다.
그 중의 하나로 호응 관계 현상이 있다.
호응 관계는 한 언어 형식과 다른 언어 형식이
언제나 함께 나타나는 언어 현상이다.
이 국어 현상은 초등과 중등 수준의 모어 학습자,
그리고 한국어의 외국인 학습자에게
중요한 언어 교육 대상 자료이다.

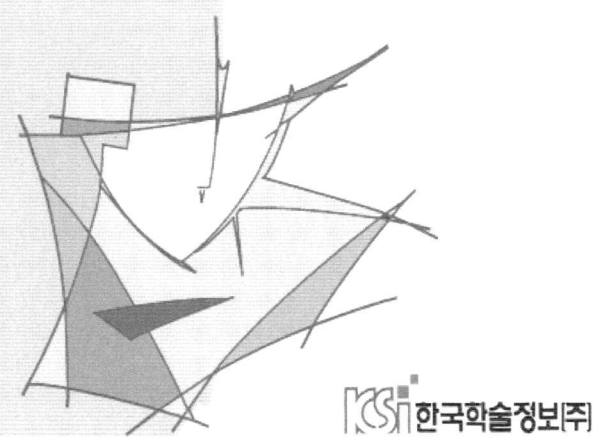

KSi 한국학술정보(주)

-문법의 이론과 실제가 괴리되어 있는 현실에서 문법의 한 현
상인 호응 관계의 개념과 특성, 구조 및 원리, 유형과 문법
적 제약 등을 명백하게 규정하고, 교육적으로 적용할 수 있
는 틀 마련

우리가 모어 화자로서 사용하고 있는 국어는 다양하고 특징적인 현상을 보인다. 그중의 하나로 호응 관계가 있다. 호응 관계는 한 언어 형식과 다른 언어 형식이 언제나 함께 나타나는 언어 현상이다. 국어의 이러한 현상은 초등과 중등 수준의 모어 학습자, 그리고 한국어의 외국인 학습자에게 중요한 언어 교육 대상 자료가 된다.

그동안 이 주제에 대한 이론적인 연구가 어느 정도 있었으나 이는 이론을 위한 이론에 그친 경우가 많았다. 즉, 이 현상이 우리의 언어 현실에서 실제적으로 어떤 기여를 하는지, 사용의 관점에서 어떤 특징을 발견할 수 있는지 등 국어 사용의 현실적 관점에서 바라본 연구는 거의 없었다고 말할 수 있다.

이와 관련하여 필자는 이 책을 통하여 국어 사용자의 관점에서 국어 현상을 분석하여 체계화하고자 하였다. 그리고 이는 궁극적으로 실제 사용의 장면에서 필요한 내용에 기여할 수 있어야 함을 강조하였다.

이 책은 호응 관계를 주제로 하여 크게 두 개의 측면을 다루고 있다.

개념과 구조, 원리와 특성, 유형과 문법적 제약 등 호응 관계의 이론적 측면을 체계적으로 제시하고 있는 것이 그 하나이고, 교육적 의의, 교육용 자료, 교수 학습 과정, 교재 모형 등 호응 관계의 교육적 측면을 적용의 관점에서 제안하고 있는 것이 다른 하나이다.

이론적 측면에서는 호응 관계의 개념이 명확하게 규정되지 않은 채 다양한 관점에서 연구되고 있는 현실을 고려하여 호응 관계의 개념, 구조와 원리, 특성과 유형 등을 체계적으로 제시하였다. 이에 따라 일관된 관점에서 호응 관계의 전체적 양상을 바라볼 수 있을 것이다. 그리고 교육적 측면에서는 이론적 체계를 바탕으로 국어 현상의 학습이라는 관점에서 실제 교육에 필요한 내용과 과정, 교재의 틀 등에 대하여 방안을 제안하였다. 이는 이론이 이론으로 머물지 않고 국어 학습이라는 실제에 기여하는 방식을 보여 주게 될 것이다.

따라서 이 책은 호응 관계라는 언어 현상에 대하여 개념을 명확히 규정하고 이론적·체계적으로 분석하였을 뿐만 아니라, 내용 및 연구의 확장 가능성과 교육적 활용 방안을 제시하고 있다는 데서 그 의의를 찾을 수 있다.

이 책은 필자의 박사 학위 논문을 토대로 하였다. 다소 늦었지만 많은 연구자들이 읽을 수 있도록 저서로 출간되게 된 것에 대하여 필자로서 대단히 기쁘게 생각한다. 비록 부족한 점이 많은 책이지만, 우리의 문법 현상에 대해서 조금이라도 관심이 있었거나 국어 문법의 이론과 실제를 함께 고민한 연구자에게는 적으나마 도움이 될 수 있을 것으로 기대한다.

이 책을 쓰면서 감사한 마음과 안타까운 마음이 동시에 든 두 분 스승님이 계시다. 이 내용이 박사 학위 논문으로 집필될 때 호응 관계의 이론적 체계를 공고히 하는 데 정신적으로 도움을 주신 고 이용주 선생님, 그리고 교육적 적용의 실제적 체계를 제시하는 데 영향을 주신 고 김광해 선생님이 그 분들이시다. 다시 한번 마음속으로 감사를 드린다. 그리고 언제나 따뜻하게 지도를 해 주시는 박갑수 선생님께는 항상 존경하는 마음이 앞선다. 그리고 문법 분야와 관련하여 묵묵히 학문의 길을 가시는 많은 선배님들과 동학들, 그리고 후학들에게도 든든한 믿음으로 감사의 마음을 전한다.

　끝으로, 시간이 지날수록 믿음과 격려의 깊이가 더해만 가는 어머님의 끝없이 깊은 사랑에 진정으로 감사함을 전한다.

2007년 4월

저　자

차 례

서 론   I

제 1 장

서 론

1. 개념적 접근

문장과 관련된 통사상의 여러 현상들은 문법적 결합 관계인 통합 관계로 설명될 수 있다[1]. 다음 (1)을 살펴보자.

(1) ① 나는 ② 너를 ③ 별로 ④ 좋아하지 ⑤ 않았다.

위 (1)에서 '① 나는'은 일인칭을 나타내는 주어로서 이인칭인 '② 너를'을 목적어로 취하고 있고, '④ 좋아하지 ⑤ 않았다'와 주어·서술어 관계를 이룬다. 그리고 '③ 별로'는 부사어로서 서술어 '④ 좋아하지 ⑤ 않았다'를 수식해 주고 있다. 그리고 '③ 별로'는 부정의 의미 '⑤ 않았다'와 함께 실현되는 어휘이다. 즉, 이 문장은 ①, ②, ③, ④, ⑤ 언어 형식들이 통합 관계를 이루어 구성된다.

문장이 구성 요소들의 통합적 관계로 이루어진다는 관점에서 볼 때 국어에는 독특한 한 현상이 발견된다. 이와 관련하여 다음 문장들을 보자.

---

1) 통합 관계는 J. R. Firth 및 런던 언어학파의 용어로서, 어휘의 조합인 배합(collocation)과 대립되는 문법상의 결합 관계를 말한다. 문장의 각 구성 요소들을 인칭, 성, 수, 성분들의 관계로 설명하는 통합 관계는 통사론의 여러 현상들을 설명할 수 있다.

(2ㄱ) 그 노인의 삶의 희망은 **오직** 도자기를 굽는 것**뿐**이죠.

(2ㄴ) 저한테는 **오직** 당신**뿐**입니다.

(2ㄷ) 그 아이가 잘하는 것이라곤 **오직** 게임 하나**뿐**이야.

(2ㄹ) 졸업 후에 직장 생활 하다 보면 자기 개발은 고사하고,
학창 시절의 꿈도 온데간데없이 사라져서 가슴에 남는 건
오직 회의**뿐**이죠.

위 (2ㄱ)~(2ㄹ)의 문장에는 공통적으로 등장하는 언어 형식들의 통합적인 관계가 있다. [오직……뿐]의 관계가 그것이다. 즉, 위 문장들을 보면 다른 언어 형식들의 관계와는 달리 '오직'이 '뿐'이라는 어휘와 고정적으로 함께 등장하고 있음을 볼 수 있고, 이것은 '오직'이란 어휘가 특정한 어휘 '뿐'과 긴밀한 관련을 맺고 있다는 것을 보여 준다.

이와 같이 문장 내에서 언어 형식으로서의 한 대상 A와 특정한 다른 대상 B가 함께 짝을 맺어 고정적인 형태 관계로 실현될 때 이 양상을 호응 관계라 한다. 그리고 이 둘 간에는 언어 형식들의 일반적인 통합 관계보다 더 긴밀한 동반성이 작용한다[2]. 즉, 호응 관계는 두 언어 형식이 고정적으로 함께 동반하게 된다는, 언어 형식들이 이루어 내는 많은 규칙들 가운데서의 부분적이고 한정적인 일부 언어 군들의 양상이다[3]. 이 관계를 도식화하면 다음과 같다.

---

2) 이러한 관계는 언어 기호가 본질적으로 가지고 있는 의미적·형태적인 공기 관계의 약속에 따라 이루어지는 것이다.
3) 호응(呼應)은 사전적으로는(금성판 국어사전, 1995) 글이나 말속에서 어떤 특정한 말 다음에 반드시 어떤 일정한 말이 따르는 일을 말하며, 부정(否定)의 호응, 가정(假定)의 호응, 의문의 호응 따위라 일컫는 것이라 정의된다.

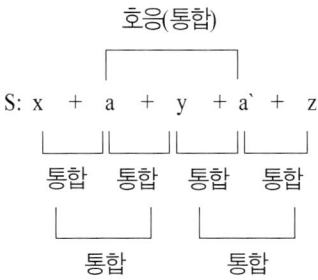

[그림 1] 언어 형식들의 통합 관계와 호응 관계

[그림 1]은 문장 S가 언어 형식 x, y, z, a, a` 들의 통합 관계로 이루어지는데, 그중 긴밀한 동반의 양상을 보이는 a와 a`의 관계와 같은 경우를 호응 관계라 한다는 것을 보여 준다. 그리고 그 각각의 언어 형식 a와 a`를 호응 관계의 구성 요소라 한다.

이와 같이 국어 호응 관계는 언어 구조에서 보이는 고정적 동반 관계 양상으로서, 이를 발견하고 규정하는 것은 국어 구조에 존재하는 언어 형식들의 동반적 형태 관계의 양상을 밝히는 것이다.

언어 구조체를 이루는 구성 요소4)들의 관계는 다양한 문법적 관점에서 기술될 수 있다. 이 연구에서는 언어 구성 요소들의 통합 관계 양상의 하나로 설명할 수 있는 호응 관계 현상을 다룰 것이다.

---

4) 이 연구에서는 호응 관계의 개념을 '언어 형식(linguistic form)들의 통합 관계'에서 파악한다. 그리고 일반적으로 문장이나 텍스트를 이루는 단위들을 일컫는 구성 요소, 언어 요소, 언어 구성 요소 등의 용어는 '언어 구조체를 이루는 구성 단위'라는 포괄적인 의미로 사용하겠다. 언어 구조체를 구성하는 언어 요소라는 용어는 분석의 기준에 따라 단어뿐만이 아니라 성분, 절 등도 될 수 있는 단위 경계의 유동성을 갖는 개념으로 본다.

2. 연구사

　그동안 이루어져 온 호응 관계와 관련된 국어학적 연구 성과들을 통사적인 측면과 의미적인 측면에서 살펴볼 수 있다.

　먼저 호응 관계와 관련한 통사적 관점의 연구들은 주로 부사어 공기 관계와 어미 형태 중심의 관점에서 이루어져 왔다. 구연미(1993, 1994)는 문장 차원에서 임의 성분과 함께 출현하는 성분들의 관계를 중심으로 '일치' 개념을 적용하여 분석한다. 이 논의에서는 필수 성분의 개념에 상대적 개념으로서의 임의 성분을 규정하여 이 임의 성분과 형태 구조적으로 일치하는 성분들을 제시해 주고 있는데, 이것은 호응 관계의 일부에 해당할 수 있는 개념과 논의라 볼 수 있다. 한길(1991)은 종결 어미와 호응하게 되는 구성 요소들을 다루고, 그 요소들의 형태적 문제를 논의하고 있다. 이상태(1995)는 국어 문장의 연결 방식 중 조건문·인과문 등의 연결문에 초점을 맞추어 연결 어미의 특성을 형태적·통사적으로 설명함으로써 국어 문장이 가진 기본 구조의 일면을 기술하고 있다. 채희락(2004)은 '무한 이접성(unbounded discontinuity)'을 일반 부사어와 호응 부사어를 구분하는 중요한 개념으로 보고 호응 부사어 구문에 초점을 맞춰 의미적·통사적으로 접근하였다. 그리고 임유종·이필영(2004)은 부정 표현과 호응하는 부사의 결합 제약이나 호응 양상에 대하여 언어 발달을 고려하면서 구어 자료를 중심으로 분석하였다. 후자의 두 연구는 모두 부사어에 한정하여 호응의 관계 양상을 다루고 있는 연구물이다. 그 외 정신문화연구원(1985), 장재성(1993) 등 구체적으로 사용된 언어 자료 속에서 국어 비호응문, 부적격문의 실제적인 예를 제시하고 분석한 국어 현상에 대한 자료 실태 조사물들이 있다.

이밖에 국어 문법의 전반적인 체계 속에서 문장 구성 언어 형식들을 다룬 연구들로는 다음과 같은 것을 들 수 있다. 김기혁(1995)에서는 현대 국어 문법의 전반적인 흐름과 논점을 정리하고, 국어의 문장 구조를 형태·통어론적인 방법으로 접근하여 문장을 구성하는 언어 형식들에 대해 공시적인 측면과 통시적인 측면에서 밝히고 있다. 김승곤(1991)은 한국어의 문 구성 방법인 통어에 관해 체계적·종합적으로 서술하고 있으며, 특히 조건절·인과절 등에 대해 전통 이론과 현대 이론을 절충하여 설명하고 있다. 김영배·신현숙(1990)은 문장의 구성을 통합 관계 중심으로 접근하여 통사 구성 방식에 따른 규칙 체계를 제시하고 국어 문법 구조를 밝혔다. 그리고 서정수(1996)는 국어 문장과 문법, 단위 구성 요소로서의 형태소와 단어, 단순문의 기본 구조, 시제, 서법, 용언의 구문론적·의미론적 특성, 결합 관계 등 국어 문법의 전반적인 문제를 포괄적으로 다루고 있다.

문장을 구성하는 언어 형식들의 구조에 대한 의미적인 접근도 활발하였다. 김종택(1984)은 국어 문법 요소들의 관계를 화용론적 입장에서 접근하고자 하였으며, 표현 구조나 표현상의 제약 등의 내용을 현실 언어를 대상으로 분석하고 있다. 김정남(1991)은 문장 구조에서 핵이 되는 요소를 동사로 보고, 동사가 문장 의미 표현의 완결성과 문법적 완전성을 위해 보조 요소들을 지배하여 문장을 구성한다는 관점에서 국어 문법을 설명해 주고 있다. 노석기(1990)는 문장들이 텍스트 내에서 상호 의미적이고 논리적으로 관련되는 특성을 결속 관계(coherence)로 파악하며, 텍스트 내 문장의 구조적 측면을 대용, 반복, 접속 표지를 중심으로 접근하였다. 박영순(1993)에서는 국어 통사론의 기본적인 개념, 학문적 위상, 언어학 이론의 발달에 따른 통사 분석의 변화 등을 설명하고, 한국어 통사 규칙을 전통 문법, 변형 문법 등의 시각에서 기술하고 있다.

이상에서 살펴본 연구들의 공통적 관점은 형태적으로 접근을 하였든 의미적으로 접근을 하였든 모두 문장을 구성하는 언어 형식들의 통합 관계를 다루고 있다는 점이다. 그렇지만 실질적으로 국어의 '호응 관계'에 대한 명백한 개념과 그에 따른 전반적 체계에 대하여 접근한 연구는 드물며, 위와 같이 언어 형식들이 문장의 구성 요소로서 결합하게 되는 부분적인 관계 양상을 다룬 국어 구조 연구의 성과물들이 주류를 이룬다.

이에 본 연구는 호응 관계의 개념을 규정하고 유형을 분류하며 특징 및 구조와 원리 등을 밝히게 될 것이다. 또한, 이론적 연구에서 더 나아가 이를 언어 사용의 관점에서 교육적으로 접근하여 교수 학습의 방향도 찾고자 한다.

3. 연구의 범위 및 방향

이 연구는 실제 사용되고 있는 호응 관계의 언어 실례들을 대상으로 논의한다. 그리고 표현 단위들인 어휘들은 언어 사용의 보편적 통용성을 기준으로 하기 위해 표준어를 채택한다. 그리고 호응 관계는 구조적으로 문장 범위에서 이루어지는 언어 현상이므로, 본 연구에서 다루는 예들도 대부분 문장 중심이 될 것이다[5]. 그러나 일부의 양상들이 문장 범위를 넘어서 설명되어야 함을 지적하고 그 내용도 다루도록 하겠다.

이 연구에서 취하는 관점은 특정한 형태들의 고정적 관계를 분석한다는 점에서는 형태적 관점에 가깝다고 할 수 있지만, 다루는 대상이

---

5) 일부 구어 발화를 예로 하여 호응 관계를 분석할 때 전달 의미가 분명하지 않을 경우에는 상황 맥락과 같은 문장 외적 요소를 보충하여 설명하겠다.

언어 기호들의 관계 양상이기 때문에 의미와 형태 문제가 필연적으로 관련된다6). 다시 말하면 이 연구는 의미에 대한 고려를 기본적으로 전제하는 입장을 취하게 된다. 이와 같이 의미는 전제된 것으로 보기 때문에 언어 형식들의 관계에서 의미에 대한 고려를 독립적으로는 하지 않으며, 형태를 점검하는 수단으로 이용할 것이다. 따라서 이 연구가 취하는 형태적 관점이란, 표면상 동반의 형태로 실현되는 언어 형식들의 고정적인 관계를 호응 관계로 분석한다는 입장을 말한다. 그리고 그 형태 관계를 기술하는 방식에는 의미를 고려한 것이 포함될 것이다.

이 연구의 연구 방향은 다음과 같다.

첫째, 호응 관계의 구조적 특성을 분석한다. 호응 관계는 형태적으로나 의미적으로 몇 가지의 고유한 특성을 지니고 있다. 이를 밝힘으로써 호응 관계의 구조를 이해할 수 있게 된다. 이것은 국어 문법의 내용 일부를 설명해 주는 것이고, 국어의 구성 요소들이 이루는 문장의 구조를 형태적·의미적으로 이해할 수 있게 하는 것이다. 또한 이러한 내용들을 파악함으로써 국어 표현 구조에 대한 이해를 도울 수 있다.

둘째, 호응 관계의 유형을 분류하고 작용 원리를 규명한다. 어떠한 언어 현상에 대해 유형을 분류하는 것은 문법의 체계적인 설명을 위한

---

6) 이용주(1989: 16)에 따르면 언어는 인간이 고안해 낸 가장 정교한 체계적 기호이다. 현재의 언어 기호들이 어떠한 과정을 거쳐 그 의미와 형태 관계로서 관습적인 사용 체계로 고정화되었는지는 확언할 수 없다. 언어 기호는 유연적으로도 창작될 수도 있고 무연적으로도 창작될 수도 있다. 창작된 언어 기호는 지시 대상(referent) 자체와의 관계에서나 지시 내용(reference)인 의미 개념과의 관계에서 오랜 기간 동안 안정된 관계를 유지하여, 그 관계의 의미 변화가 일어날 때까지는 사회 관습 체계로서 고정화되어 전수된다. 이렇게 볼 때 기호 창작 초기에서 대상과 의미 간의 유연성과 무연성 여부를 떠나 자의적으로 창작된 기호는 그 대상과 내용과의 관계에서 관습화하게 된다. 형식과 의미와의 연합 관계는 기호화의 단계에서 이미 결정되고 관습화되고 전승된다.

본고는 이와 같은 언어 기호의 창작 과정에 대한 관점을 따르며, 이에 준해 국어의 호응 관계와 같은 현상도 기호 본질적인 관습적 약속의 체계라 본다. 그리고 그 관계의 통시적인 관습화는 의미에서 연유한 것이라 간주한다.

하나의 기술 방식이다. 이러한 관점에서 볼 때 본 연구에서의 호응 관계 유형 분류는 내용의 체계화를 위한 직접적이고 일차적인 자료를 마련하는 작업이다. 그리고 어떠한 언어 현상에 대한 작용의 원리를 밝히는 것은 실제 사용되고 있는 언어를, 사용으로서의 현실적 언어 양상으로 파악하게 하는 것이다. 즉, 이 과정은 호응 관계라는 언어 현상이 어떻게 이루어지며 어떠한 언어적 기능을 가지는지에 대한 것을 지적해 주는 것이다.

셋째, 실제 언어 현실에서 사용되는 언어로서의 의미가 중요하다는 측면에서 호응 관계를 교육적 대상으로 구체화하는 방안을 모색한다. 앞에서 이루어진 분석 내용을 기반으로 하여 호응 관계를 교육적인 측면에서 구체적으로 적용하고자 한다. 이에 대해 국어교육 현장에서 구체적으로 활용할 수 있도록 교수 학습 방법과 교재 구성 모형을 구안한다. 호응 관계는 국어교육에서 초등, 중등, 그리고 외국인 한국어 학습자가 주 학습 자료로 삼을 수 있는 언어 형식들의 기초적인 구성 관계이다. 그리고 그 내용은 이러한 학습자에게 의식적이고 능동적인 교수 학습의 과정을 통해 효과적으로 숙달될 수 있다. 이를 위하여 언어 학습의 활동 자료로 호응 관계를 보게 된다.

이와 같이 이 연구에서는 호응 관계를 이론적으로 체계화하고 언어 활동의 자료로 대상화하는 방법을 다루게 될 것이다.

호응 관계의 구조　Ⅱ

제 2 장

호응 관계의 구조

호응 관계의 구조는 고정적으로 동반되는 두 언어 형식들의 통사적·의미적 관계로 설명된다. 호응 관계 현상이 가지는 구조적 양상은 다음과 같이 파악된다.

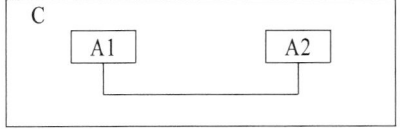

- 언어 구조체: C
- 언어 형식: A1, A2

[그림 2] 호응 관계의 구조

위의 그림은 문장 등의 언어 구조체 C 내에서 A1과 A2라는 두 언어 형식이 고정적으로 함께 실현되는 양상인 호응 관계를 구조화한 것이다. 이러한 구조 틀을 바탕으로 호응 관계의 통사적인 면과 의미적인 면을 살펴보자.

1. 호응 관계의 통사 구조

문장은 언어 형식들의 통합적인 관계로 이루어진다. 호응 관계의 통사 구조는 문장을 구성하는 언어 요소들의 자립성 여부에 따라 자립소들의 호응 관계, 자립소와 의존소의 호응 관계, 의존소들의 호응 관계로 그 양상을 세분화할 수 있다. 호응 관계를 이루는 언어 형식들을 이 기준으로 살펴보면 다음과 같다.

가. 자립소와 자립소 관계

이 부류는 호응 관계가 자립적인 형태들의 관계로 이루어지는 양상들이다. 여기에는 부사류와 부사류의 호응 관계, 명사류와 명사류의 호응 관계 등이 있다.

① 부사류 + 부사류

호응 관계가 부사류들의 관계로 이루어지는 경우가 있다. 이것은 호응 관계를 이루는 두 구성 요소가 모두 문장에서 자립적으로 기능하는 부사인 경우에 해당하며, 그 관계 형태들의 양상은 다음과 같다.

```
[점점……그럴수록]
[또한……마찬가지로]
[이래로……계속 / 줄곧]
[한편으로는……다른 한편으로는]
[과히, 도무지, 도시, 도저히, 통……안 / 못]
[결코, 별반, 별로, 다시는, 절대로, 그리, 전혀, 좀처럼……안 / 못]
[아무도, 누구도, 아무것도, 조금도, 추호도, 털끝만큼도, 쥐뿔도……안 / 못]
[더이상, 고사하고, 만부득이, 전연, 좀체, 차마, 일절, 이루, 그다지……안 / 못]
```

호응 관계의 두 구성 요소가 모두 부사일 경우, 이들은 자립 형식이기 때문에 고정적인 형태로 동반된다. 그리고 이러한 호응 관계 요소들은 서술어를 한정적으로 수식하는 부사어의 자격을 가진다.

    (1) 그 사건에 대해서는 **좀처럼** 감이 **안** 잡혀.
    (2) 이번 일은 **좀처럼** 쉽게 **안** 끝날 것 같아.

위의 예문 (1)과 (2)에는 '좀처럼'과 '안'의 호응 관계가 있으며, 이 두 구성 요소들은 모두 부사이다. 이 구성 요소들은 문장에서 부사어의 성분으로 기능하는데, (1)은 '좀처럼'이 '안 잡혀'라는 서술부를, '안'이 '잡혀'라는 서술부를 수식하는 부사어임을 보여 주고 있으며, (2)는 '좀처럼'이 '안 끝날 것 같아'라는 서술부를, '안'이 '끝날 것 같아'라는 서술부를 수식하는 부사어임을 보여 주고 있다.

② 명사류 + 명사류

호응 관계의 두 구성 요소가 명사나 명사 상당 어구1)로 이루어지는

---

1) 여기에서 말하는 명사 상당 어구는 체언류에 해당하는 명사, 수사, 대명사 등과 이들에 조사가 결합된 형태들을 지칭한다. 이러한 체언류로 이루어지는 호응 관계의 구성 요소들은 통사적으로 명사류와 같은 기능을 하기 때문에 함께 다룰 수 있으며,

경우가 이에 해당한다. 이 호응 관계 형태는 다음과 같다.

[첫째도······둘째도]
[전자(는)······후자(는)]
[하나는······다른 하나는]
[한편에서는······다른 한편에서는[2])]
[이때가 바로······때 / 즈음 / 시점]
[n 가운데, n 중에서······한 가지는 / 하나는 / 어떤 것은]

형태나 의미적으로 자립성이 분명한 명사들의 관계로 이루어지는 이 호응 관계 형태들은 그 구성 요소인 명사에 조사나 다른 명사들이 결합되어 문장 내에서 다양한 성분으로 실현된다.

(1) 사랑에는 특정 이성에 관한 사랑과 불특정 인간에 대한 사랑이 있다. **전자는** 에로스적 사랑이라고 일컬어지며 **후자는** 아가페적인 사랑이라고 한다.

(2) 우리 은행의 이미지는 **첫째도** 친절, **둘째도** 친절로 밀고 나가야 합니다.

위 (1)에서 [전자는······후자는]은 명사에 조사가 결합한 체언류들의 관계로 이루어진 호응 관계로서, 이들은 이 문장에서 주어의 역할을 하고 있다. (2)의 [첫째도······둘째도] 역시 수사 '첫째, 둘째'에 조사가 결합된 체언류인데, 이 문장에서는 부사어의 기능을 하고 있다.

그 대표성을 명사에서 찾고자 하여 명사 상당 어구라 하였다.
2) 명사 '한편'에 조사 '에서+는'이 통합적으로 구성된 [한편에서는······다른 한편에서는]의 관계는 문장 내의 역할에 따라 선택되는 구성 성분이다. 설명의 편의상 이 호응 관계는 명사 부분에 초점을 두어 '명사류'로 다루기로 한다. 그러나 '① 부사류+부사류'에서 다룬 [한편으로는······다른 한편으로는]의 관계는 부사로서 관습화된 어구로 인정하였다.

이와 같이 통사적으로 볼 때 두 구성 요소가 모두 자립소들인 호응 관계로는 '부사류들 간의 호응 관계', '명사류들 간의 호응 관계'가 있다.

나. 자립소와 의존소 관계

이 부류는 호응 관계의 구성 요소가 부사·형용사 등의 자립적인 형태와 조사·어미류 등의 의존적인 문법소와의 관계로 이루어지는 양상을 보인다. 여기에는 부사류와 조사류의 호응 관계, 부사류와 어미류의 호응 관계, 형용사와 어미류의 호응 관계 등이 있다.

① 부사류 + 조사류

이 부류는 문장 내에서 용언이나 다른 요소들을 수식하는 기능을 주로 하는 부사류와, 체언 등에 결합하여 그 성분의 자격이나 의미를 첨가해 주는 조사류들이 호응 관계의 구성 요소로 작용하는 경우이다. 이 호응 관계 형태는 다음과 같다.

[마치······처럼3)]
[단······만 / 뿐]
[오직·오로지······뿐 / 만 / 밖에 / 따름]
[다만·단지······뿐 / 따름 / 밖에]

[역시······도], [도······역시], [또한·도]
[게다가······도], [하물며······도]
[게다가······까지], [하물며······까지]

---

3) '마치'와 호응 관계를 이루는 형태는 '처럼' 이외에도 '같이, 듯이' 등이 있다. 여기서는 '처럼'을 기준으로 분석하였다.

[뿐만 아니라……도], [뿐만 아니라……까지]
[역시……뿐더러], [뿐더러……역시]
[뿐더러……도], [도……뿐더러]
[뿐……까지], [뿐더러……역시], [뿐더러……까지]

[또한……마찬가지로], [도……함께]
[매……마다], [야말로……가장 / 확실히]
[보다……훨씬 / 더 / 덜]
[하기야……ㄹ만도 / -기도]

다음 예들을 보자.

(1) 그때의 일이 **마치** 환상**처럼** 느껴진다.
(2) 지난번에 입은 옷**보다** 지금 입은 옷이 더 괜찮구나.

위 (1)에서는 '마치'라는 부사와 '처럼'의 조사가 호응 관계를 이루고 있고, (2)에서는 '보다'라는 조사와 '더'라는 부사가 호응 관계를 이루고 있다.

이 경우의 호응 관계들은 자립소인 부사와 의존소인 조사류가 호응 관계의 구성 요소가 되어 문장에서 다양한 성분 역할을 하게 된다.

② 부사류 + 어미류4)

이 부류는 선행되는 구성 요소가 부사이며 그에 따르는 후행 구성 요소의 의미가 제한적으로 고정되어 있는 호응 관계류로서, 문장 내에서는 수식 성분인 부사류와 서술 성분인 서술어와의 관계로 실현된다. 이에 대해서는 서술어를 이루는 어미류의 형태가 다양하기 때문에 각

---

4) 용언의 어미는 다양하게 활용을 하기 때문에, 이 구조에는 의미 중심으로 후행 요소를 제시하였다. 이에 따른 형태는 서법과 관련되며 다양한 형태적 변이형을 지닌다.

각의 형태를 제시하지 않고 각 의미형으로 구조화하여 제시하도록 하
겠다.

```
[모름지기……{당위, 필연}]
[부득이……{필연, 당위}]
[꼭, 반드시, 결단코……{당위, 의지, 확신}]
[단연, 단연코, 단연히, 확실히……{확신, 의지}]
[기필코, 기어이……{의지}]
[그야말로……{확신}]

[설마, 행여나……{의구, 의문, 추측}]
[어쩌면, 아마……{의구, 의문, 추측, 추정}]
[얼마나……{정도, 의문}]
[오죽……{정도, 의문}]

[비록……{양보}]
[아무리……{양보}]
[설사, 설령, 설혹……{양보}]

[만약, 만일……{가정, 가상}]
[가령……{가정, 가상}]

[왜냐하면……{이유}]
```

이에 대해 다음의 예문들을 살펴보자.

(1) **설령** 누가 총을 들고 온다 **할지라도** 나는
    여기서 한 발짝도 움직이지 않을 것이다.

위 (1)에서는 '양보'의 의미를 가진 연결 어미 '-ㄹ지라도'가 '설령'
이라는 자립소 부사와 호응 관계를 이루고 있음을 보여 준다.

(2) 나는 빵을 허겁지겁 먹었다. **왜냐하면** 배가 너무 고**파서였다.**

(2)에서 부사 '왜냐하면'은 '이유'의 의미를 지니고 있으며, 그것의 호응 관계 구성 요소 형태로 '이유'의 의미를 지닌 명사나 어미를 취한다. 위에서는 '-어서'라는 인과적 의미의 연결 어미형을 취하여 [왜냐하면……어서이다]의 호응 관계를 보이고 있다.

이러한 호응 관계에서는 통사적으로 부사가 부사어로서 서술어와 관련되며, 서술어는 용언의 활용으로 다양한 어미 변화를 보여 준다.

③ 형용사류 + 조사류

이것은 '아니다'라는 형용사와 '이다'라는 서술격 조사가 이루는 한정된 부류의 호응 관계 형태이다. 다음의 형태는 'A가 아니라 B이다'의 호응 관계이다.

[-이 아니라……이다]

---

(1) 이것은 낙지가 **아니라** 문어인데?

위 (1) 예문에서는 대등적 대립 의미가 [이(가) 아니라……이다]라는 호응 관계를 통해 나타나고 있다.

이와 같이 통사적으로 볼 때 자립소와 의존소의 호응 관계로는 부사류와 조사류의 호응 관계, 부사류와 어미류의 호응 관계, 형용사와 어미류의 호응 관계 등이 있다.

다. 의존소와 의존소 관계

이 부류는 호응 관계를 이루는 구성 요소가 의존적인 문법소들만의 관계로 파악되는 양상이다. 여기에는 조사류들 간의 호응 관계, 조사류와 어미류들 간의 호응 관계, 어미류들 간의 호응 관계 등이 있다.

① 조사류 + 조사류

이 경우는 호응 관계를 이루는 두 구성 요소가 모두 조사인 경우이며, 그 관계 형태들로는 다음과 같은 것들이 있다.

```
[이든……이든]
[든지……든지]
[에서(부터)……까지]
[ -(이라기)보다……이다]
[는 데다가……까지 - 도]
[도 - 데다가……도 - 기까지]
```

이에 따른 예문을 살펴보자.

(1) 콩이든 팥이든 아무거나 심은 대로 났으면 좋겠다.

위 예문의 '이든'이라는 조사는 '콩'과 '팥'이라는 각각의 명사에 결합하여 두 어휘들을 대등적으로 관련시키는 호응 관계의 구성 요소가 된다. 이러한 형태들은 문장 내에서 선택성의 의미를 나타내는 절로 기능하는 호응 관계 구문을 이룬다.

② 조사류 + 어미류

다음 조사들은 후행 구성 요소로 부정 의미의 종결 어미형만을 서술어로 취하는 통사적 양상을 보인다.

```
[커녕……{부정}]
[밖에……{부정}]
```

이 부류에 대해 다음 예들을 살펴보자.

(1) 그곳에 가서 일을 성사시킬 사람은 너**밖에** 마땅한 사람이 **없다**.

(2) 그 곳에 가서 일을 성사시킬 사람은 너**밖에** 마땅한 사람이 **없구나**.

위 (1)은 조사 '밖에'가 '부정'의 의미를 지닌 '없다'의 평서형 어미 형태와, (2)는 '없구나'라는 감탄형 어미 형태와 호응 관계를 이루고 있음을 보여 준다.

③ 어미류 + 어미류

용언에 결합하여 활용을 하는 어미류들 간의 호응 관계 형태들로는 다음과 같은 것들이 있다.

```
[건……건]
[ -거나……아니면 - 이다]
[ -하거나……아니면 - 하다]
```

다음 예문들을 보자.

(1) 그가 오건 말건 나는 상관 안 해.

(2) 이번 시합엔 우승이거나 아니면 준우승일 거야.

위 (1)에는 '오다'와 '말다'라는 용언의 어간 '오-'와 '말-'에 결합되는 어미 '-건……-건'의 호응 관계가 있으며, (2)에서는 '우승이다'와 '아니다'라는 용언에 어미 '거나'가 결합하여 병렬된 내용의 선택을 의미하는 호응 관계를 보여 주고 있다.

이와 같이 통사적으로 볼 때 두 구성 요소가 모두 의존소들인 호응 관계로는 '조사류들 간의 호응 관계', '조사류와 어미류 간의 호응 관계', '어미류들 간의 호응 관계'가 있다.

이상에서 호응 관계의 통사 구조는 구성 요소들이 문장에서 지니고 있는 자립성 여부에 따라 '자립소와 자립소', '자립소와 의존소', '의존소와 의존소' 등의 관계로 이루어짐을 알 수 있었다. 이러한 구조는 문장에서 차지하는 구성 요소들의 다양한 문법적 양상에 대해서 품사상의 문제로 분석되며 어미 변화 등과 긴밀하게 관련된다.

2. 호응 관계의 의미 구조

호응 관계의 의미 구조는 호응 관계를 이루는 두 구성 요소 중에서

한 구성 요소가 다른 구성 요소를 수식하는 관계로 이루어지는 것, 한 구성 요소가 다른 구성 요소와 동일한 의미 자질을 지니고 있어 첨가되는 관계로서 드러나는 것, 대등한 형태나 의미의 두 구성 요소들이 함께 실현되는 것 등이 있으며, 그 각각을 호응 관계의 수식 구조, 첨가 구조, 병렬 구조라 한다.

다음에서 이를 구체적으로 살펴보도록 하자.

가. 수식 구조

호응 관계를 이루는 하나의 구성 요소가 다른 요소를 의미적으로 한정해 주고 꾸며 주는 관계로 이루어질 때, 이것을 호응 관계의 수식 구조라 한다.

국어는 수식언이 피수식언의 앞에 나오는 언어 구조를 지니고 있다. 이러한 구조를 가진 국어에서 호응 관계의 수식 구조는 선행 호응 관계 어휘가 후행 호응 관계 어휘를 수식해 주게 된다[5]. 이러한 것은 호응 관계 부사와 용언과의 관계에서 나타나며, 국어 구조의 특질상 수식언인 부사가 피수식언이 되는 용언의 서법을 지배하게 된다. 이러한 수식 구조를 보이는 호응 관계 형태들을 제시하면 다음과 같다.

---

5) 이 구조에서는 선행의 구성 요소가 후행의 구성 요소 또는 후행 구성 요소와 결합된 부분 모두를 수식해 준다.

〈표 1〉 수식 구조의 호응 관계 형태

명 제	호응 관계 형태
당 위	[모름지기……ㄴ다, 어야 한다, 이다, ㄹ뿐이다, 따름이다] [부득이……ㄴ다, 어야 한다, 이다, ㄹ뿐이다, 따름이다] [꼭, 반드시, 결단코24)……ㄴ다, 어야 한다, 이다, ㄹ뿐이다] [기필코, 기어이……ㄴ다, 어야 한다, 이다, 겠다] [단연, 단연코, 단연히, 확실히……ㄴ다, 어야 한다, 이다, ㄹ뿐이다] [그야말로……ㄴ다, 어야 한다, 이다, ㄹ뿐이다]
의 구	[설마, 행여나……습니까, 오리까, 아요 / 어요, 으오 / 소, 지요, 는가 / 는고, 을까, ㄹ쏜가, 나, 느냐 / 냐, 느뇨, 니, 랴, ㄹ쏘냐, 고, 아 / 어, 이야ㄹ까, 래] [어쩌면, 아마……ㄹ지도, 일 것이다, ㄹ걸]
정 도	[오죽……ㄴ가, ㄴ지, 으면, 랴 / 리 / 까] [얼마나……ㄴ가, ㄴ지, 으면, 랴 / 리 / 까]
양 보	[설령, 비록, 아무리, 설사, 설혹……ㄹ지라도, 더라도, ㄹ망정, ㄹ지언정, ㄴ들, 었자, 기로서니]
가 정	[만약, 만일, 가령……라면 / 다면 / 이면, 거든]
이 유	[왜냐하면……어서 / 니까 / 므로, 때문이다]
부 정	[여간……아니다]
부 정	[결코, 별반, 별로, 다시는, 절대로, 그리, 전혀, 좀처럼, 더이상, 고사하 고, 만부득이, 전연, 좀체, 차마, 일절, 이루, 그다지, 과히, 도무지, 도 시, 도저히, 통, 아무도, 누구도, 아무것도, 조금도, 추호도, 털끝만큼도, 쥐뿔도……없다, 아니다, 못하다, 안, 못]
부 정	[커녕……없다, 아니다, 못하다, 안, 못] [밖에……없다, 아니다, 못하다, 안, 못]
긍 정	[뿐……이다]
비 유	[마치……처럼 / 듯이 / 같이]
점 진	[점점……ㄹ수록] [점차……ㄹ수록] [점차적으로……ㄹ수록] [점점……그럴수록]

위의 표에 제시된 호응 관계의 수식 구조에 대하여 구체적으로 살펴
보자.

'당위'의 의미 명제와 관련하여, '모름지기'라는 부사는 '-야 한다'라는 당위성 의미를 가진 어미와 호응 관계를 이루며 다음 예문을 통해 이를 확인할 수 있다.

(1) **모름지기** 사람은 정직하게 **살아야 한다.**

(당위): 수식

즉, 이 부사는 '-야 한다'라는 당위성 의미를 가진 어미와 호응 관계를 이루며, 이 문장에서는 '살아야 한다'라는 서술어를 수식해 주고 있다.

'의구'의 의미 명제를 이루는 예에 대해서 살펴보도록 하자.

(2) **설마** 그 사람이 나한테 그런 거짓말을 **했을까.**

(의구): 수식

위 (2)에서 '설마'는 '했을까'라는 서술부를 수식해 준다. 즉, '설마'는 '의구'의 의미를 나타내는 서술어를 한정하는 수식 구조를 보인다.

'정도'를 나타내는 부사와의 호응 관계를 살펴보도록 하자.

(3) **오죽** 할 일이 **없으면** 그 시간에 집에 있을까?

(정도): 수식

'오죽, 얼마나' 등의 부사는 '정도, 의문'의 의미를 가지는 용언형을 요구하며, 그 용언을 의미적으로 수식해 준다.

'양보'를 나타내는 부사와의 호응 관계를 살펴보도록 하자.

> (4) **설령** 그 말이 <u>사실이더라도</u> 놀라지 말아라.
>
>   (양보): 수식

위 (4)의 경우, '설령, 비록, 아무리, 설사, 설혹' 등은 '‒ㄹ지라도, ‒더라도, ‒ㄹ망정, ‒ㄹ지언정, ‒ㄴ지라도, ‒ㄴ들, ‒었자, ‒기로서 니' 등의 형태를 취하는 양보 의미의 용언을 수식해 준다.

'가정'을 나타내는 부사와의 호응 관계를 다음에서 살펴보도록 하자.

> (5) **만약** 우리가 멀리 <u>떨어진다면</u> 전화로 자주 만나요.
>
>   (가정): 수식

(5)의 예문을 통해서 '만약, 만일' 등은 '가정, 가상'의 의미형과 수 식 구조를 이루는 것을 살펴볼 수 있다.

'이유'를 나타내는 부사와의 호응 관계를 다음에서 살펴보도록 하자.

> (6) 00은 눈에 보이는 결과만을 중시하지 않습니다.
>   **왜냐하면** 잠재력을 더욱 높게 평가하<u>기 **때문입니다.**</u>
>
>   (이유): 수식

'이유' 의미의 '왜냐하면'은 '어서 / 니까, 때문이다, 로 인해서이다, 에 기인한다' 등의 어미형과 수식 관계로 이루어진다.

'부정'의 의미 명제와 관련하여 다음을 살펴보도록 하자.

(7) 나는 그 사람을 **전혀** 만난 적이 **없습니다.**

           (부정): 수식

(8) 이번에 우리는 <u>우승은커녕</u> 본선에도 오르지 **못했다.**

           (부정): 수식

국어에서 위와 같은 일부 부사와 조사들은 '부정' 의미를 가진 용언을 수식하면서 함께 동반하는 구조로 이루어진다.

한편, '긍정'의 의미 명제와 관련한 호응 관계는 다음과 같다.

(9) 모인 사람들은 어린이들**뿐이었다.**

           (긍정): 수식

위의 '뿐'이 독립적으로 쓰일 때는 '긍정'과 함께 하며, '-이다'라는 서술형만 취한다[6].

---

6) 그러나 '뿐'에 다른 조사가 개입되면 그렇지 않을 수 있다.
   • (9) 모인 사람들은 어린이들**뿐만이** 아니었다.
  위 (9)은 '뿐+만이+아니다'의 결합으로서, 고정적 동반의 성격을 지닌 호응의 관계와는 다른 일반적인 어휘 배합의 문제이다.

　요컨대 호응 관계의 수식 구조는 주로 부사와 용언류들과의 호응 관계에서 드러나는 의미 구조이다. 선행 구성 요소로서의 부사가 후행 요소들과 호응 관계를 이루면서 의미적으로는 서술부를 한정적으로 수식해 주게 된다.

나. 첨가 구조

　호응 관계의 첨가 구조란 두 구성 요소가 동일 의미 자질을 지니고 있어 이들이 의미적으로 상호 부가되는 관계로 이루어지게 되는 구조를 말한다.
　첨가 구조를 보여 주는 형식들로는 다음과 같은 것들을 들 수 있는데, 이에 대해서 의미별로 구별하여 제시하도록 하겠다.

〈표 2〉 첨가 구조의 호응 관계 형태

명 제	호응 관계 형태
유 일	[오직·오로지⋯⋯뿐 / 만 / 밖에 / 따름] [다만·단지⋯⋯뿐 / 따름 / 밖에] [단⋯⋯만 / 뿐]
등 가	[이든⋯⋯이든], [든지⋯⋯든지], [든⋯⋯든] [거나⋯⋯거나], [건⋯⋯건], [랑⋯⋯랑], [하고⋯⋯하고]
부 가	[역시⋯⋯도], [도⋯⋯역시], [또한⋯⋯도] [게다가⋯⋯도, 까지], [하물며⋯⋯도, 까지] [뿐만 아니라⋯⋯도], [뿐만 아니라⋯⋯까지]
부 가	[역시⋯⋯뿐더러], [뿐더러⋯⋯역시] [뿐더러⋯⋯도], [도⋯⋯뿐더러] [뿐더러⋯⋯까지] [또한⋯⋯마찬가지로], [도⋯⋯함께] [매⋯⋯마다]
부 가	[는 데다가⋯⋯까지, 도] [도 데다가⋯⋯도, 기까지]

　　위의 표에 제시된 호응 관계의 첨가 구조에 대하여 다음 예들을 통해 구체적으로 살펴보도록 하자.

　　(1) 그 노인의 삶의 희망은 **오직** 도자기를 굽는 것**뿐**이죠.

　　　　　　　　　　　(유일): 첨가

　　(2) 살아온 길이 고된 나날이었**든** 즐거움으로 가득찬 날

　　　　　　　　　　(등가): 첨가
　　　이었**든** 그것은 모두 피할 수 없는 길이었다.

　　(3) 네가 믿**거나** 말**거나** 어제 일은 사실이었어.

　　　　　　　　(등가): 첨가

　　(4) 그는 잘 생겼을 **뿐만 아니라** 머리도 똑똑하다.

　　　　　　　　　(부가): 첨가

　　위 (1)에서 보면 '오직'과 '뿐'은 둘 다 '유일'이라는 동일한 의미를 가진 구성 요소들이며, 이 둘이 동반되는 호응 관계를 이루고 있다. (2)와 (3)에서의 [든……든], [거나……거나] 등은 동일한 형태들로 이루어지는 호응 관계 구성 요소이며, 이들의 호응 관계를 통해서 주변 구에 '등가'의 의미가 첨가된다. 그리고 (4)의 '뿐만 아니라'와 '도'는 '부가'라는 동일 의미로 결합되는 호응 관계의 구성 요소이다.

　　요컨대 호응 관계의 첨가 구조는 호응 관계의 각 구성 요소들이 동

일하거나 유사한 의미 자질을 가진 형태들의 동반 관계로 이루어져, 각 구성 요소의 의미를 강조적으로 부가함과 동시에 그 주변 어구들에 대해서도 동일한 의미를 부가해 주는 구조를 말한다. 이 구조는 선행 구성 요소와 후행 요소, 그리고 선행 구성 요소가 이끄는 구와 후행 구성 요소가 이끄는 구가 동일하거나 유사한 의미로 결합되어 의미의 첨가 구조를 이루게 된다.

다. 병렬 구조

호응 관계의 각 구성 요소가 이끄는 구들이 서로 대등하게 나열되는 의미를 지닐 때 이것을 호응 관계의 병렬 구조라 한다. 이 병렬 구조에는 나열, 열거, 상보 등의 하위 유형이 있으며, 이 구조를 이루는 데 관여하는 언어 형식들로는 다음과 같은 것들이 있다.

〈표 3〉 병렬 구조의 호응 관계 형태

명 제	호응 관계 형태
나 열	[에서……까지], [부터……까지]
열 거	[전자는……후자는], [첫째도……둘째도]
상 보	[한편으로는……다른 한편으로는] [한편에서는……다른 한편에서는] [한편……-기도, -기도 하다] [하나는……다른 하나는] [-이거나……아니면 -이다] [-ㄹ바에(야)……차라리] [n가운데, n중에서……한 가지는 / 하나는 / 어떤 것은]
상 보	[-이라기보다……이다] [-이 아니라……이다]

다음 예들을 통해 이 관계들의 양상을 구체적으로 살펴보도록 하자.

(1) 현대인들은 9시**부터** 5시**까지**의 직장 생활에 묶여 있다.

(나열): 병렬

위 (1)의 '부터'와 '까지'는 앞뒤에 시간적 · 공간적 대상이 나열됨으로써 그 구의 의미가 병렬 구조를 이루게 된다.

(2) 나의 소원이 있다면 **첫째도** 조선의 독립이요, **둘째도** 조선의 독립이다.

(열거): 병렬

위 (2)에서 [첫째도……둘째도]는 서수들의 호응 관계이며, 각 서수들은 'n째도'로 형식화될 수 있다. 이 'n째도'는 다시 [n째……도]로 분석되고, [n째도……(n+1)째도]의 호응 관계에서는 보조사 '도'의 의미가 필연적 동반의 동일 요소인 [(n+1)째+도]를 요구하며 연속적으로 동반하여 그 의미 내용이 병렬 구조를 이루게 된다.

(3) 콜럼버스는 달걀을 깨뜨린 **것이라기보다** 상식을 깨뜨린 **것이었습니다.**

(상보): 병렬

위 (3)에서 [X이라기보다……Y이다]의 관계는 의미의 초점이 이동되는 상보적 관계로서, 이 관계에서는 화자에 의해 선택되는 대상들의 병렬적 의미를 요구한다.

요컨대 호응 관계의 병렬 구조는 구성 요소들의 호응 관계에 의해

주변의 결합된 구들의 의미가 나열, 열거, 상보 등으로 대등하게 이어
지는 의미 구조를 말한다.

　이상에서 구성 요소들이 이루는 의미 관계에 따라 호응 관계가 수식
구조, 첨가 구조, 병렬 구조로 분석됨을 살펴보았다. 호응 관계의 수식
구조는 선행 구성 요소가 후행 구성 요소를 한정적으로 수식하는 관계
로, 호응 관계의 첨가 구조는 호응 관계의 각 구성 요소들이 유사한
의미 자질을 가진 형태들로 이루어져 각 구성 요소의 의미를 상호 강
조적으로 부가해 주는 관계로, 그리고 호응 관계의 병렬 구조는 두 구
성 요소가 이끄는 구들이 의미적으로 서로 대등하게 나열되는 관계로
이루어진다.

호응 관계의 원리　　　III

제 3 장

호응 관계의 원리

호응 관계는 언제나 두 개의 구성 요소가 함께 등장하며 구성 요소들의 통합 과정에서 그 요소들의 결합 의미가 정교화된다. 이를 호응 관계가 이루어지는 원리로 파악하여 '동반성의 원리'와 '정교화의 원리'라 하고, 다음에서 구체적으로 살펴보도록 하겠다.

1. 동반성의 원리

어떠한 요소들이 함께 실현되는 구성을 본질로 하는 '동반성의 원리'는, 인간 인지가 가지고 있는 폐쇄성의 원리(principle of stability)와 유사성의 원리(principle of similarity)에 기초한다.

인간의 언어 인지 구조에는 자극 장면에서의 불완전한 자극을 완전한 자극의 형태로 지각하려는 경향이 있는데, 이것을 폐쇄성의 원리 (principle of closure)라 한다. 이것은 일상의 지각 현상에서도 보인다. 예를 들어 한쪽 면이 약간 열려 있는 기하학적 도형이나 원을 볼 때 사람들의 의식은 완전한 선으로 이루어진 도형 또는 원으로 지각하려는 경향을 띤다는 것이 밝혀졌다. 이러한 경향은 인간들이 물리적으로 불완전한 형태에 반응하는 것보다는 완전한 도형에 반응하는 것이 보다 유의미하기 때문에 틈을 메워 지각하려고 하는 데서 연유하는 것이다(김선 外, 1996:119~121). 그리고 인간 인지의 통찰력에는 유사성의 원리(principle of similarity)가 작용한다. 유사성의 원리란 지각 장면에 있는 사물들을 유사한 것끼리 함께 묶어 하나의 의미 있는 형태로 지각하려는 경향을 말한다. 즉, 이 원리에 따르면 언어 구조의 한 장면에서도 구성 요소들의 의미적·형태적 유사성은 함께 등장하기에 용이한 조건이 된다.

인지가 지니고 있는 이러한 경향들은 언어 형식들의 구성 원리에도 반영된다. 두 구성 요소들 간의 고정적인 동반 관계를 구축하는 호응 관계는, 하나만으로는 불완전한 언어 형식들을 형태적·의미적으로 유사한 단위로 함께 지각하여 한 단위체로 지각하려는 인간의 폐쇄성의 원리, 유사성의 원리에 기인하는 것이다.

이러한 인지와 언어 사용 사이의 관계를 파악하기 위하여 언어 구성 요소들의 관계를 인지하는 가설적 모델인 관계망 구조로 고려해 보자. 관계망은 언어 단위들의 계층적 연결체를 뜻한다[1]. 관계망 구조는 언어 사용자가 언어 구조체를 대할 때 언어를 인지적으로 구조화하여 표상하는 과정을 보여 주는 개념적 분석의 틀이다. 언어는 선형 구조와 계층 구조를 가지고 있는데, 선형 구조는 단어 또는 형태소를 순서적으로 배열함으로써 나타난다. 따라서 선형 구조는 시간적이며 평면적인 특징을 가지고 있다. 그러나 계층 구조는 단어나 형태소의 배열로는 나

---

1) 김태옥·이현호(1991)에 따르면, 텍스트에서는 어휘들이 텍스트 진행 과정에서 연속적으로 출현하여, 텍스트 거시적인 측면에서 볼 때 의미적인 연관성을 보여 주게 된다. 이러한 어휘들 간의 의미론적 연쇄는 의미적 관계망 구조(semantic network)를 형성하여 텍스트를 견고하게 만들어 준다. 관계망 구조는 선형적 연속체로서가 아니라 전이망 구조로서 분석된다. 따라서 언어 사용자의 인식을 평면적인 단층이 아니라 복합적인 위계층으로 보여 준다. 이것은 인지 작용의 위계성을 보여 주는 한 측면이다.

타낼 수 없다. 계층 구조란 문장 속의 단어나 형태소들이 서로 더 가까운 것들끼리 먼저 결합하여 더 큰 구성 성분을 이루면서 결국에는 문장을 이루는 것을 의미한다(김기혁, 1995: 121~122). 따라서 계층 구조는 공간 구조를 가지면서 동시에 입체적이다. 이러한 관계망 구조의 개념은 언어 사용자가 구축하는 호응 관계의 인지적 작용에 대해 합리적인 설명을 더해 준다. 다음의 예문을 관계망 구조로 살펴보자.

(1) 그 남자는 **여간** 똑똑한 것이 **아니다**.

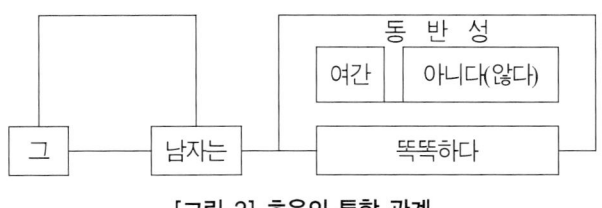

[그림 3] 호응의 통합 관계

(2) 그 남자는 똑똑한 것이 **아니다**.

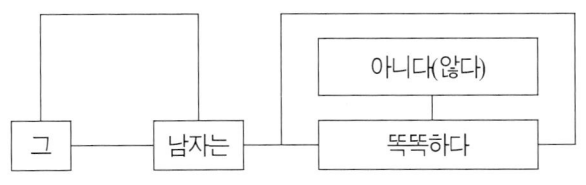

[그림 4] 일반적 통합 관계

위의 예문 (1)은 고정적 동반성을 지니고 있는 호응 관계형이고, (2)는 일반 부정형의 문장이다. 위의 두 문장이 관계망으로 처리되는 과정을 보면, [그림 3]에서는 [여간……{부정}아니다]이 한 단위체로 설정되는 호응의 동반 관계가 이루어지고, [그림 4]의 경우는 서술어가 부정형 어미로 형식화되는 일반적인 통합 관계로 설정되고 있다.

위에서 보듯이 호응 관계의 두 요소는 인지 속에서 한 단위로 동반
되어 위계적으로 표상된다. 이러한 호응 관계 구성 요소가 가지는 통합
작용 원리로서의 동반성은 언어 구조체의 안정성과 강조성에 기여를 한
다. 우선 안정성에 기여하는 호응 관계의 동반성을 고려해 보도록 하자.

호응 관계는 A와 B의 구성 요소들이 문장 내에서 고정적으로 동반
하게 되는 관계 양상이다. 그리고 그 관계는 하나의 단위체로서 문장의
부분 의미를 구성한다. 이러한 언어 구성 요소들의 완결된 통합은 언어
구조체의 안정성에 기여한다[2]. 다음의 발화를 보자.

(3) 이번에 야구 시합에서 우리 학교가 승리할 수 있을까?

(4ㄱ) **결코 못할 거야.**
(4ㄴ) **결코.**
(4ㄷ) * 결코 할 거야.

(3)에 답하는 (4)의 발화들은 '결코'와 동반하는 '부정'의 호응 관계
를 보여 준다. (4ㄱ)은 '결코'와 '못할 거야'가 동반하여 '승리를 하지
못할 것'이라는 문맥 의미를 전해 준다. 그런데 (4ㄴ)에서처럼 '결코'
하나만으로도 부정의 의미는 전달된다. 그러나 (4ㄴ)이 보여 주는 안정
성은 (4ㄱ)과 비교해 볼 때 정도가 약하다. 즉, (4ㄱ)이 (4ㄴ)에 비해 의

---

2) 이러한 언어 요소의 결합 과정에서 언급할 수 있는 또 하나의 개념으로 '의존'의 개
   념을 들 수 있다. 이 개념은 안정성을 지향하는 호응 관계의 구조적 특성과 관련된
   다. 문법 이론에서 말하는 의존 관계(dependency relation)란 서로 다른 계위(rank)의
   문법 항목들 사이의 관계이며(영어학 사전, 1990:327), 하나의 성분을 이루는 두 개
   의 구성 성분 중 전체의 성분으로 대치될 수 없는 구성 성분은 다른 하나에 의존적
   이게 된다는 개념을 내포한다. 이러한 의존 관계는 구성 요소가 독립적으로 고립되
   어 사용되는 것이 아니라, 다른 구성 요소와의 의존적 결합에서 그 의미가 드러나
   는 언어의 본질적인 기능을 설명해 준다. 호응 관계는 구성 요소와 구성 요소가 상
   호 의존적인 관계로 이루어져 있다. 의존하는 구성 요소가 문맥 의미를 왜곡하거나
   상실하게 될 때 언어 구조체는 구조적 안정성을 잃게 된다.

미가 완결되어 있으며 안정적이다. 그리고 (4ㄷ)과 같이 '결코'와 긍정의 의미가 동반하면 호응의 관계를 이루지 못하며 비문이 된다.

한편, 다음을 보자.

(5ㄱ) **비록** 사업에 실패**한다 할지라도** 그에게는 남아 있는 정신력이 있다.
(5ㄴ) * **비록** 사업에 실패**한다면** 그에게는 남아 있는 정신력이 있다.

위에서는 '비록'과 'ㄴ다 할지라도'가 형태적으로 동반하고 있는 호응 관계를 보여 주고 있다. 그런데 이 두 요소가 동반되지 못했을 경우 (5ㄴ)처럼 언어 구조체가 비문이 되면서 의미적 안정성이 결여됨을 볼 수 있다.

다음에서는 호응 관계의 두 언어 형식이 동반하여 실현됨으로써 그 부분의 의미가 강조성을 지니게 된다는 측면에서 살펴보도록 하자. 먼저 도식을 통해 호응 관계의 구성 요소들이 가지는 관계를 확인하면 다음과 같다.

A와 A`: 호응 관계의 구성 요소
p와 q: 일반 통합 관계의 구성 요소

X: A+p+0→일반 구문
Y: A+q+A`→호응 관계 구문

[그림 5] 호응 관계 구성 요소들의 관계

호응 관계 구문 Y는 일반 구문 X에 비해 유사 의미 구성 요소들의 동반으로 그 부분의 의미가 강조된다. 다음 (6)과 (7)을 비교해 보자.

(6) **하물며** 성민이도 가수를 하는데, 네가 포기를 하니?

(7ㄱ) **하물며** 성민이가 가수를 하는데, 네가 포기를 하니?
(7ㄴ) 성민이**도** 가수를 하는데, 네가 포기를 하니?

위 (6)에서는 부사 '하물며'가 조사 '도'와 동반하게 되는 [하물며……
도]의 호응 관계를 보여 주며, (7ㄱ)와 (7ㄴ)에서는 두 구성 요소가 동
반하지 않고 하나만 쓰인 일반 구문이다. (6)에서는 '더군다나'의 의미
를 가진 '하물며'와 '또한'의 의미를 가진 '도'의 동반으로 그 호응 관
계의 부분적 의미에 초점이 놓이게 되지만, (7)의 경우에서처럼 동반되
지 않았을 경우는 상대적으로 (6)에 비해 의미적 초점이 약하게 된다.
다음의 예도 마찬가지이다.

(8) 그가 좋아하는 일이라곤 **오직** 공부**뿐**이야.

(9ㄱ) 그가 좋아하는 일이라곤 **오직** 공부야.
(9ㄴ) 그가 좋아하는 일이라곤 공부**뿐**이야.

(8)에서는 '유일한'의 의미를 지닌 '오직'과 '만'의 의미를 가진 '뿐'
의 동반으로 '절대적으로 공부만'이라는 강한 '유일'의 의미가 표현되
지만, (9)의 경우에는 '공부만'의 정도로 그 의미적 초점이 약하다.
이렇듯이 호응 관계의 구성 요소들이 이루는 동반의 관계는 언어 구
조체에 의미적인 안정성과 강조성을 부가하게 된다.
다음에서 동반성의 원리에 따라 이루어지는 호응 관계의 여러 예들
을 종합적으로 살펴보도록 하자.

(10) 인간의 수명이 증가하고 노인성 질환이 ⓐ**점차** 증가함ⓐ'**에 따라** 노인성
치매의 유병률ⓑ**도** ⓑ'**함께** 증가하고 있으며 65세 이상 인구 중 10%가
노인성 치매를 앓고 있는 것으로 알려져 있습니다.
노인성 치매ⓒ**뿐만 아니라** 뇌감염, 영양 결핍, 내분비 대사 장애 등ⓒ'**도**

치매를 일으킬 수 있는데 이들은 원인을 교정하면 치매가 호전되는 경우가 많습니다. 따라서 일단 주위에 치매로 생각되는 환자가 있으면 즉시 전문의와 상의하여 치매의 원인을 밝혀 교정 또는 진행 억제가 가능한 경우에도 적절한 치료를 받도록 하여야 합니다. ⓓ또 특별한 치료 방법이 알려져 있지 않은 알츠하이머병과 같은 경우에ⓓ´도 재활. 교육 등에 관해 의사와 반드시 상의하는 것이 바람직합니다. <리더스 다이제스트 1995>

위 (10)에서는 동반성의 원리에 따라 두 요소들이 함께 등장하고 있는 [점차……에 따라], [도……함께], [뿐만 아니라……도], [또……도] 등의 호응 관계들을 볼 수 있다.

요컨대 호응 관계는 두 개의 구성 요소가 하나의 단위처럼 함께 실현되는 언어 현상인데, 이러한 것은 인간 인지의 폐쇄성의 원리와 유사성의 원리에 기초한 언어 구성 요소들의 동반성의 원리에 의한 작용으로 파악되며, 이에 따라 언어 구조체는 안정성과 강조성을 갖게 된다.

2. 정교화의 원리

두 구성 요소가 동반하여 등장하는 호응 관계는 그 두 구성 요소가 가진 어휘 의미의 유사성으로 인해 호응 관계를 이루는 부분의 의미를 더욱 정교하게 해 준다. 즉, 호응 관계의 구성 요소들은 정교화의 원리에 따라 작용하는 것이다. 정교화의 원리(principle of elaboration)란 기억 부호(memory codes)가 가진 정교성의 양과 질에 따라 기억 부호 정보에 차이를 가진다는 원리이다. 이 견해는 각 항목의 기억을 도울 수 있는 추가적인 연상물(associates)들을 형성함으로써 단순히 제시된 항목들보다는 훨씬 많은 것을 저장한다고 가정한다. 따라서 이 원리에 따르면 어의적(語意的) 내용이 비어의적(非語意的) 내용을 정교화하는 것보다 유의하다고 본다. 어의적 정교화(semantic elaboration)를 증가시키는 한 방법은 풍부하고 정교한 맥락을 제공하는 것이다(김영채·박권생, 1992:147~149). 즉, 이것은 의미가 있는 어휘들을 풍부하고 정교하게 함으로써 그렇지 못한 문장보다 기억 정보량에 차이를 둔다는 것을 말해 준다.

호응 관계의 구성 요소들이 동일한 의미 자질을 가진 어휘들로 이루어지면서 그 의미를 더욱 드러내는 것에 대해 '정교화의 원리'로 접근할 수 있다. 호응 관계가 가지는 정교화의 측면은 의미 중심으로 다음과 같이 세분하여 살펴볼 수 있다3).

① 부정(否定)의 정교화

부정의 정교화는 호응 관계를 이루는 구성 요소들이 부정적 의미 자질을 가진 어휘들인 경우이며, 여기에서는 두 구성 요소가 상호 호응의 관계로 표현됨에 따라 부정의 의미가 더욱 드러나게 되는 것으로 정교화된다.

(1ㄱ) 그의 이번 행동은 용서할 수 **없다**.
(1ㄴ) 그의 이번 행동은 **절대로** 용서할 수 **없다**.

(2ㄱ) 이제는 연예인이 멋있어 보이지 **않는다**.
(2ㄴ) 이제는 연예인이 **별로** 멋있어 보이지 **않는다**.

---

3) 이 절에서는 호응 관계의 모든 유형을 제시하지는 않고 의미 중심의 일부 어휘들을 예로 다루도록 한다. 유형들을 전체적으로 다룬 것은 본 연구의 제5장을 참고할 수 있다.

(1ㄱ)은 '그의 행동'에 대한 화자의 의지가 부정을 의미하는 일반 부정문이며, (1ㄴ)은 '절대로'와 '부정'의 호응 관계문으로서 화자의 강력한 부정 의도가 드러나 있다. 즉, (1ㄱ)과 (1ㄴ)은 모두 부정문이지만, (1ㄴ)과 같은 호응 관계문은 그 부정의 의미가 강하고 정교하게 드러나게 된다. 그리고 (2ㄱ)은 화자의 '연예인에 대한 태도'를 나타내는 부정문인데, (2ㄴ)과 비교해 볼 때 그 부정의 정도가 명확하게 드러나지 않는다. (2ㄴ)은 '별로'와 '않는다'의 호응 관계를 통해 부정의 의미가 분명하게 드러나 그 의미가 정교화된다.

② 확신(確信)의 정교화

확신의 정교화란 호응 관계를 이루는 구성 요소들이 화자의 '확신, 의지' 등의 의미 자질을 가진 어휘들이며, 이들의 호응 관계로 확신의 의미가 더욱 풍부해지는 것을 말한다.

    (1ㄱ) 나는 이번에는 해내고야 말 거야.
    (1ㄴ) 나는 이번에는 **반드시** 해내고야 말 거야.

위 (1)은 모두 화자의 '확신'을 표현하는 문장들인데, (1ㄱ)은 '-고야 말 거야'라는 어미형에 그 확신의 의미가 드러나 있는 일반 평서문이며, (1ㄴ)은 '반드시'라는 부사가 '확신' 의미의 어미형을 이끌고 있는 호응 관계문이다. (1ㄴ)은 (1ㄱ)에 비해 화자의 확신의 정도가 강하게 드러나서 확신 의미의 정교화가 이루어진다.

③ 점진(漸進)의 정교화

호응 관계를 이루는 구성 요소들이 상황에 대한 '점진, 점층' 등의 의미 자질을 가진 어휘들이고, 이들의 호응 관계로 그 의미가 더욱 풍부해지는 점진 의미의 정교화가 있다.

(1ㄱ) 커 **갈수록** 옷이 안 맞을 거야.
(1ㄴ) **점점** 커 **갈수록** 옷이 안 맞을 거야.

(2ㄱ) 삶의 연륜이 더**할수록** 깨달음의 폭도 넓어지기 마련이다.
(2ㄴ) 삶의 연륜이 더**하면** 더**할수록** 깨달음의 폭도 넓어지기 마련이다.

(1ㄱ)에는 '-ㄹ수록'의 어미형이 쓰여 '점차적으로'의 의미가 담겨 있으며, (1ㄴ)에는 이 어미형과 함께 동일한 의미의 부사 '점점'이 동반되고 있어 '점차적으로 커 가면 커 갈수록'이라는 의미가 더욱 분명하게 제시되어 있다. 이러한 측면에서 (1ㄴ)은 '점진'의 의미가 정교하게 드러나 있다고 볼 수 있다. (2)도 마찬가지로 (2ㄴ)에서 [(으)면……ㄹ수록]의 호응 관계가 점진의 의미를 더욱 확실하게 해 주고 있다.

④ 가정(假定)의 정교화

호응 관계를 이루는 구성 요소들이 '사실에 대한 가정, 가상' 등의 의미 자질을 가진 어휘들이고, 이들의 호응 관계로 그 의미가 더욱 풍부해지는 가정 의미의 정교화가 있다.

(1ㄱ) 내가 시인**이라면** 그댈 위해 노래하겠소.
(1ㄴ) 내가 **만일** 시인**이라면** 그댈 위해 노래하겠소.

(2ㄱ) 거기서 못 만난다고 **하더라도** 다음 역에서 기다리면 되지.
(2ㄴ) **가령** 거기서 못 만난다고 **하더라도** 다음 역에서 기다리면 되지.

(1ㄱ)의 선행절은 '내가 시인이다, 그렇다면'으로서 가정, 가상의 의미를 표현한다. 한편, (1ㄴ)은 '만일'이라는 데에 이미 '가정, 가상'의 의미가 표현되고 있으며, 이와 함께 '시인이라면'이라는 가정 의미의 연결 어미를 취하고 있다. 이렇게 볼 때 (1ㄴ)은 가정의 의미가 풍부하게 드러나 있는 문장이라고 할 수 있다. (2) 역시 마찬가지 관점에서 설명해 줄 수 있다. (2ㄴ)은 '가령'과 '-고 하더라도'의 호응 관계를 통해 (2ㄱ)에 비해서 '가정'의 의미가 더욱 분명하게 드러나 그 의미를 정교하게 해 주고 있다.

⑤ 유일(唯一)의 정교화

호응 관계를 이루는 구성 요소들이 '유일'의 의미 자질을 가진 어휘들이며, 이들의 호응 관계로 '유일'의 의미가 더욱 정교화되는 유일 의미의 정교화가 있다.

(1ㄱ) 하나**뿐**인 그대.
(1ㄴ) **오직** 하나**뿐**인 그대.

(2ㄱ) 어머니의 내리사랑이 하루**만**이 아니었기에
     어머니에 대한 치사랑도 하루일 수 없습니다.
(2ㄴ) 어머니의 내리사랑이 **단** 하루**만**이 아니었기에
     어머니에 대한 치사랑도 하루일 수 없습니다.

위 문장들에는 '오직, 뿐, 단, 만' 등의 어휘들이 호응 관계로 함께 등장함으로써 '유일한, 오로지'의 의미가 풍부하게 드러난다.

⑥ 등가(等價)의 정교화

호응 관계를 이루는 구성 요소들이 상황에 대한 '등가'의 의미 자질을 가진 어휘들이며, 이들의 호응 관계로 그 의미가 더욱 풍부해지는 등가 의미의 정교화가 있다.

(1ㄱ) 오든지 상관 말아라.
(1ㄴ) 오든지 가든지 상관 말아라.

(2ㄱ) 벌써 한 학기가 다 지났다니 **한편으로는** 시원하기도 하다.
(2ㄴ) 벌써 한 학기가 다 지났다니 **한편으로는** 시원하기도 하고
　　　다른 한편으로는 섭섭하기도 하다.

위 (1ㄱ)에서는 '오든지'에 동반되는 형태나 의미가 구체적으로 없다. 즉, '오든지 어떻게 하든지' 그것은 화자의 태도나 상황에 의해 좌우되는 의미이다. 그러나 (1ㄴ)은 '오든지 가든지'라는 분명하게 선택하게 되는 [든지……든지]의 호응 관계가 있다. 즉, 열거된 상황에 대한 등가적 선택의 의미가 '든지'와 '든지'의 호응 관계에 의해 정교화되었다. (2) 역시 마찬가지로 (2ㄱ)에서는 '한편으로는 어떠하다'의 의미로 다른 상황에 대한 구체적인 태도가 드러나 있지 않으나, (2ㄴ)은 '한편으로는 시원하기도 하고 다른 한편으로는 섭섭하기도 하다'로서 명백한 두 가지 상황에 대한 제시가 표현된 호응 관계문이다.

이상으로 구성 요소들이 동일한 의미 자질을 가진 어휘들의 호응 관계로 인해 전체 의미가 더 정교화되고 명확해진다는 것을 '부정, 확신, 점진, 가정, 유일, 등가' 등의 의미 정교화를 통해 살펴보았다.

요컨대 호응 관계는 구성 요소들이 함께 실현되는 동반성의 원리와, 유사한 의미 자질을 가진 구성 요소들이 결합됨으로써 그 부분의 의미가 풍부해지고 확실해지는 정교화의 원리를 작용 원리로 하여 이루어진다.

호응 관계의 특성 Ⅳ

제 4 장

호응 관계의 특성

호응 관계는 언어 형식들의 일반적인 결합 관계와는 구별되는 특성을 지니는 언어 형식들의 긴밀한 통합 관계 양상이다.

호응 관계는 언어의 두 언어 형식이 고정적으로 함께 실현되며, 그 두 요소는 연속적으로 결합되는 것이 아니라 간격을 두고 등장하는 것이 일반적이고, 함께 실현되는 두 언어 형식들의 의미는 상호 유사한 것을 특징으로 한다.

본 연구에서는 두 언어 형식이 고정적으로 함께 실현되는 호응 관계의 특성을 '동반 고정성'이라 하고, 두 언어 형식이 거리를 두고 떨어져서 등장하는 특성을 '형태 분리성'이라 하며, 두 언어 형식들이 유사한 의미 자질을 지니고 동반하는 특성을 '의미 부가성'이라 한다. 이러한 특성은 호응 관계라는 언어 현상을 설명해 주는 본질적인 성격이다.

다음에서 이 각각의 특성에 대해 구체적으로 살펴보기로 하자.

1. 동반 고정성

호응 관계는 함께 등장할 수 있는 두 언어 형식의 형태가 고정되어 있다. 즉, 호응 관계의 언어 형식 A와 B의 관계는 다른 언어 형식들의 선택적 통합 관계와는 달리 고정적 동반 관계이다. 이것은 호응 관계가 보여 주는 가장 큰 특성이다. 이에 대해서는 표층적으로 드러나게 되는 형태의 고정성을 논하게 되지만, 기본적으로는 먼저 의미의 선택 문제에서 생각해야 한다. 다음 예를 들어 살펴보자.

(1) 이 아이는 **여간** 똑똑한 게 **아니군요**.

위 문장 (1)은 화자가 표현하고자 하는 심적인 태도인 의미가 하나의 발화 형태로 표출된 것이다. 이 전체 언어 구조체를 이루는 구성 요소들 또한 각각 화자 자신이 표현하고자 하는 의미에 따라 선택된 언어 형식들이다. 즉, 화자가 인식하는 물리적 거리도에 따라 '이, 그, 저, 요' 중에서 '이'라는 지시사가 선택되었고, 명사 '아이'는 '남자, 학생, 개, 선생님, ……' 등 수많은 대상들 중에서 대상의 실체를 '아이'로 파악한 화자에 의해 선택된 어휘이며, 체언에 따라오는 조사도 '가, 이, 도, 까지, 마저, ……' 등에서 화자가 대조성의 의미로 '는'을 선택하여 표상화하였다. 뒤의 요소들도 마찬가지로 설명할 수 있다. 즉, 모든 언어 형식의 선택은 화자의 표현 의도에 따른 것이다.

그러므로 화자가 표현하고자 하는 의도에 따라 이 언어 형식들의 통합 관계는 달라질 수 있다. 다음의 (2)와 (3ㄱ), (4ㄱ)에서처럼 어휘 자체가 다른 것으로 선택될 수도 있고 선택된 어휘들의 배합도 다양할 수가 있다. 즉, 문장을 구성하는 요소들의 통합은 화자의 표현 의도에 따라 자유롭다.

(2) 저 학생은 **여간** 야무지지가 **않**네.

(3ㄱ) 그 아이는 **보통** 예쁜 게 **아니던데요**?

(4ㄱ) 이 모자는 **특별히** 싼 건 **아닌데?**

그런데 여기에서 볼 때 일단 선택된 한 어휘에 따라 고정적으로 동
반되는 관계들이 있다. 즉, (1)과 (2)에서 보듯이 [여간……{否定}(아니
-, 않]]의 관계가 그것이다. (1), (2)의 예문에서 보이는 공통적인 관계
[여간……{부정}]은 (3ㄱ), (4ㄱ)에서와는 다른 특징을 보여 준다.
  (1)과 (2)에서 보면, 어휘 각각의 선택은 화자에 따른 의미의 문제지
만, 일단 '여간'이라는 어휘가 선택되었다면 그 다음에는 고정적으로
'부정'의 의미를 나타내는 형태인 '아니다'가 하나의 단위처럼 함께 실
현된다. 즉, 이 두 요소는 고정적으로 함께 등장하는 호응 관계인 것이
다. 그러나 (3ㄱ), (4ㄱ)에서는 고정적인 관계가 없다. 다만 화자의 선택
의도에 따라 어휘들이 통합적으로 구성되어 있다. 다음의 문장들을 비
교해 보자.

    (3ㄱ) 그 아이는 **보통** 예쁜 게 **아니던데**요.
    (3ㄴ) 그 아이는 **보통** 예쁜 정도던데요.

    (4ㄱ) 이 모자는 **특별히** 싼 건 **아닌데?**
    (4ㄴ) 이 모자는 **특별히** 싼 건데?

  위 (3ㄱ)과 (3ㄴ)은 국어로서 아무 문제가 없는 각각의 적격문이며,
(4ㄱ)과 (4ㄴ) 또한 마찬가지이다. 이 문장들에서는 위 (1)과 (2)의 문장
에서 드러났던 특정 어휘들의 고정적인 동반 관계는 존재하지 않는다.
각각 다른 의미의 다른 문장인 것이다.
  이와 같이 호응 관계는 문장에서 함께 등장하는 어휘들의 관계가 정
해져 있다는 동반 고정성을 그 특성으로 지닌다. 이렇게 볼 때 아래와
같은 (5)의 표현은 국어 표준어에서 허용하지 않으며 호응 관계를 어긴
것이다.

(5ㄱ) * 이 아이는 **여간** 똑똑합니다.

(5ㄴ) * 이 아이는 **여간** 야무집니다.

위 (5)는 '여간'과 '부정'이 동반하지 않아서 비문이 되었다. 물론 화자의 표현 의도에 따라 '이 아이는 매우 똑똑합니다, 이 아이는 매우 야무집니다' 등의 긍정문이 될 수도 있지만, 일단 '여간'이라는 어휘를 선택한 이상은 '부정'의 의미와 함께 동반해야 한다. 따라서 여기에서 다음과 같은 관계를 상정할 수 있게 된다.

- 여간……아니다, 않다: 동반 고정
 → [여간……{부정}아니다, 않다]: 호응 관계

그런데 호응 관계 형태들이 가지고 있는 동반 고정성은 그 정도에 차이가 있다. 다음의 (6)과 (7)을 비교해 보자.

(6ㄱ) **결코** 그대로 멈출 수는 **없어**.

(6ㄴ) **결코** 그렇게 해서는 **안** 돼.

(6ㄷ) * **결코** 그렇게 **해**.

(7ㄱ) 내가 지금 해야 할 일은 **오로지** 공부**뿐**이야.

(7ㄴ) 내가 지금 해야 할 일은 **오로지** 공부 **하나**야.

(7ㄷ) 내가 지금 해야 할 일은 **오로지** 공부야.

위 (6ㄱ), (6ㄴ) 두 문은 '결코'와 '부정(없어, 안)'의 고정적 동반 관계를 보여 주는 호응 관계의 예문이다. 그리고 (6ㄷ)은 '결코'가 '부정'을 나타내 주는 형태와 동반하지 않았기 때문에 비문이 되었다. 여기에서 볼 수 있듯이 [결코……{부정}] 관계의 두 어휘들은 반드시 함께 등장해야 하는 강한 동반 고정성을 지니고 있다.

반면, (7)의 '오로지'는 일반적으로는 (7ㄱ)처럼 [오로지……뿐]의 동반 고정성을 가지나, (7ㄴ)에서 보이듯이 '뿐' 대신 그와 유사한 의미 '하나'라는 명사도 동반될 수 있다. 그리고 (7ㄷ)에서처럼 아예 '오로지' 와 반드시 동반해야 하는 필연적 요소가 없을 수도 있다[1]. 이렇게 볼 때 [오로지……뿐]의 관계는 동반의 필연성은 부족한 약한 동반 고정성을 지니고 있다고 볼 수 있다. 이렇게 호응 관계를 이루는 언어 형식들 간의 동반 고정성은 그 동반 분포도에 따라 정도가 다르다[2].

그리고 호응 관계의 동반 고정성은 고정을 요구하는 방향과도 관련된다. 언어 구조의 선조적인 관점에서는 언어 형식들이 '좌에서 우로'의 방향으로 표상된다. 인간의 사고가 언어화되는 방향은 일방적으로 규정할 수 없다. 그러나 사고의 언어화 방향을 밝힐 수는 없다 할지라도 언어로 표상화된 것은 '좌에서 우'라는 일방적인 방향성을 지닌다는 점을 표층적으로 알 수 있다.

예를 들어 [마치……처럼 / 듯이 / 같이] 호응 관계의 방향에 따른 고정성의 정도를 살펴보자. [마치……처럼 / 듯이 / 같이]의 관계는 '좌에서 우로'라는 선조적 구조에서 볼 때, '마치'가 '처럼' 등을 요구할 수는 있으나, 그 반대의 방향인 '처럼, 듯이, 같이'는 '마치'를 필연적으로 요구하지는 않는다[3].

---

1) '오로지'가 반드시 특정 의미나 형태를 동반해야 하는 어휘는 아니지만, 동반되는 어휘가 있을 경우에는 반드시 '뿐, 따름, 하나' 등의 어휘들을 고정적으로 요구한다는 점에서, '오직'과 '유일'은 호응 관계 형태라고 규정할 수 있다.
2) 고정의 정도의 차이에 따른 호응 관계에 대해서는 제5장 1절에서 상세히 다루도록 하겠다.
3) 이러한 선조적 방향성을 따르는 선행 요소와 후행 요소의 관계 양상이 호응 관계 형태들의 모든 특성은 아니다. 예를 들어 [전자는……후자는]의 관계, [첫째도……둘째도]의 관계 등은 일방적인 방향성에 의함이 아니고 상호 양 방향성으로 이루어지는 특성을 지닌다. 이렇게 볼 때 선조적 방향성에 따른 호응 관계의 특징은 고정성의 정도에 따른 일부 예들을 설명해 줄 수 있는 것이다.

(8ㄱ) 모든 일정이 톱니바퀴 **같은** 생활과 오직 선생님의
　　　말씀이 진리인 생활은 나에게는 참기 힘든 일이었다.

위 (8ㄱ)은 '같은'이라는 어휘와 동반할 수 있는 '마치'라는 어휘를 군이 언어 사용자가 선택하지 않은 일반적인 문이라고 볼 수 있다. 즉, 이 문장은 '마치'라는 어휘와 함께 쓰여도 상관없고 '마치'가 선택되지 않아도 상관없는 문장이다.

그러나 언어의 선조성에 따른 '좌에서 우로'의 방향에서 본다면 '마치'는 반드시 '처럼, 듯이, 같이' 등의 형태를 동반 언어 형식으로 요구한다. 이렇게 될 때 '마치'와 '처럼'의 관계는 동반 고정성이 강한 호응 관계이다. 아래의 (8ㄴ)은 두 언어 형식이 고정적으로 동반성을 띠는 호응 관계로 이루어지는 문이고, (8ㄷ)은 '마치'에 호응되는 형태가 적절하지 못한 예이다.

(8ㄴ) 모든 일정이 **마치** 톱니바퀴 **같은** 생활과 오직 선생님의
　　　말씀이 진리인 생활은 나에게는 참기 힘든 일이었다.

(8ㄷ) * 모든 일정이 **마치** 톱니바퀴**인** 생활과 오직 선생님의
　　　말씀이 진리인 생활은 나에게는 참기 힘든 일이었다.

다음의 (9)도 동일한 맥락에서 설명이 가능하다. '만약'이 선행되었을 경우 (9ㄱ)과 같이 반드시 후행 요소로는 '-다면, -이면' 등의 어미 형태가 와야 한다. 그러나 '만약'이 선행 요소가 아니라면 뒤의 요소들에 대해서는 언어 사용자의 선택의 문제라고 할 수 있다. 이러한 경우 (9ㄴ)의 문은 (9ㄱ)과는 다른 또 하나의 적격문인 것이다.

(9ㄱ) 당신이 **만약** 이 회사를 선택**한다면** 10년 후에
　　　그 선택의 보상을 받을 것입니다.

(9ㄴ) 당신이 이 회사를 선택**한다면** 10년 후에
      그 선택의 보상을 받을 것입니다.

그러나 '만약'이 선행 요소로 왔음에도 불구하고 이에 따른 고정적인 동반 언어 형식인 '−다면, −이면' 등이 고정적으로 동반하지 않는다면 이것은 다음과 같이 비문이 된다.

(9ㄷ) * 당신이 **만약** 이 회사를 선택**해서** 10년 후에
      그 선택의 보상을 받을 것입니다.

이와 같이 '좌에서 우로'의 선조적 방향성에서 볼 때 호응 관계는 선행 요소에 따라 후행 요소의 고정성에 영향을 주게 된다. 이를 그림으로 살펴보면 다음과 같다.

P: 좌→우
Q: a·········a`
R: 선택→고정

[그림 6] 호응 관계의 작용 방향에 따른 고정성

위의 P는 언어 형식의 선조성에 따른 방향을 뜻하고, Q는 호응 관계의 두 언어 형식 a와 a`의 존재를 말해 주며, R은 선행 언어 형식의 선택성에 의해 후행 요소가 고정적이 된다는 것을 의미한다.

이와 같이 선조적 방향성에 따라 호응 관계의 동반성을 설명할 수 있는데, 동반되는 요소 중 하나가 적절하지 못한 형태이거나 부족할 때 호응 관계는 그 적절성을 상실한다. 즉, 상호 동반되는 요소들이 부적절하게 결합하거나, 필연적으로 동반해야 할 관계에서 하나의 고립된

요소만이 실현된다면 호응 관계는 그 적절성을 상실하게 되는 동반 고정성의 특성을 가진다.

2. 형태 분리성

호응 관계는 언어 형식들이 서로 간격을 두고 등장한다. 즉, 두 언어 형식들이 거리를 두고 실현되는 분리성을 가진다. 달리 말하면 호응 관계를 이루는 두 언어 형식 사이에는 다른 언어 형식들이 개입되어 있거나 또는 개입될 수 있다는 것을 의미한다. 이러한 호응 관계의 특징을 형태 분리성이라 부르며, 이 양상은 다음과 같이 형식화될 수 있다.

$$x_1 + A1 + x_2 + x_3 + A2 +, \ldots\ldots, + x_n$$

A1, A2: 호응 관계의 언어 형식
$x1$, x_2, x_3, $\ldots$, x_n: 문장의 언어 형식

[그림 7] 호응 관계의 형태 분리적 특성

위 그림을 보면 호응 관계의 언어 형식 A1과 언어 형식 A2 간에는 다른 언어 형식 x들이 있다. 그런데 전체 언어 구조체인 문장 속에서 호응 관계를 이루는 언어 형식 A1과 A2는 서로 거리를 두고는 있지만 다른 통합 관계를 이루는 요소들보다 오히려 더 긴밀하게 하나의 단위처럼 의식된다. 그리고 이 요소들이 거리를 두지 않고 실현되는 경우에는 비문법적이 된다.

(1ㄱ) 내가 **만일** 시인**이라면** 그댈 위해 노래하겠소.
        A1   x   A2

(1ㄴ) * 내가 **만일 · 이라면**(시인) 그댈 위해 노래하겠소.
        A1   A2   x

위에서 보듯이 호응 관계로 이루어지는 두 언어 형식들은 서로 거리를 두고 실현된다. 즉, (1ㄱ)은 [만일(A1)＋시인(x)＋이라면(A2)]의 관계에서 '만일'과 '－이라면'이 거리를 두고 등장하는데 그 사이에 '시인'이라는 명사가 개입되어 정상적인 통합 관계를 이루고 있다. 다음의 예문들도 마찬가지이다.

(2ㄱ) **마치** 화석**과도 같이** 굳어 있는 그 사람의 얼굴을 보니 섬뜩했다.
(2ㄴ) * **마치 · 과도같이**(화석) 굳어 있는 그 사람의 얼굴을 보니 섬뜩했다.

(3ㄱ) 내 마음을 알아줄 사람은 **오직** 너**뿐**이야.
(3ㄴ) * 내 마음을 알아줄 사람은 **오직 · 뿐**(너)이야.

위 (2ㄱ)은 [마치(A1)＋화석(x)＋과도 같이(A2)]의 통합 관계로서 '마치'와 '－와(과)도 같이' 사이에 '화석'이라는 명사가 있으며, (3ㄱ)은 [오직(A1)＋너(x)＋뿐(A2)]의 통합 관계에서 '오직'과 '뿐' 사이에 '너'라는 대명사가 있다. 따라서 (1ㄴ), (2ㄴ), (3ㄴ)과 같이 두 언어 형식이 분리되지 않고 연속적으로 나오게 되면 적격문으로 성립되지 않게 된다.
    그런데 다음 예를 보자.

(4ㄱ) 그 애는 **여간 아니야**.

(5ㄱ) 이건 내가 바라던 것이 **결코 아니야**.

위의 문장들의 호응 관계 요소들은 분리되지 않고 연어적으로 실현
되어 있다[4]. 즉, 호응 관계를 이루는 두 언어 형식들의 사이에 거리가
없고 [여간·아니야], [결코·아니야]로 연속되어 등장하는 것이다. 그러
나 위의 예문들은 다음과 같은 구조로 파악할 수 있다.

(4ㄴ) 그 애는 **여간**이 **아니야**.

(5ㄴ) **결코** 이건 내가 바라던 것이 **아니야**.

(5ㄷ) 이건 **결코** 내가 바라던 것이 **아니야**.

---

4) 형태 분리적 특성을 가지는 호응 관계와 관련하여 연어 관계를 생각해 볼 수 있다.
연어(collocation)는 어휘 항목(lexical item)의 결합 관계(syntagmatic relation) 또는 연
쇄 관계(chain relation)를 설명하는 것으로서, 개개의 어휘 항목이 문맥 속에서 연속
적으로 결합되는 어휘 항목들의 집단군을 말한다. Palmer는 둘 이상의 단어가 연결
되어 있을 경우 이들을 낱낱의 단어로 분리시키지 않고 통합된 단위로 파악해야 할
어군(word group)을 다음과 같이 품사적 성질에 따라 7가지 유형으로 분류한다(영어
학사전, 1990:217).

(1) 동사연어: dream of, go for a walk
(2) 명사연어: color film, Queen's English
(3) 한정사연어: a couple of, many a
(4) 형용사연어: nice and cool, good for nothing
(5) 부사연어: at times, in a week
(6) 전치사연어: in place of, on good terns with
(7) 연결사연어: for fear (that), by the time

이 예문들에서 볼 수 있는 특징은 구성 요소들이 연어적으로 결합된다는 것이며,
이것은 다음과 같은 형식으로 표상화될 수 있다.

$$x_1 + A1 \cdot A2 + x_{2+x_3}$$

이 현상들은 둘 이상의 언어 형식들이 동반 고정성을 갖고 이루어진다는 점에서
는 호응 관계와 같다. 그러나 둘 이상의 '연속된' 단어들의, 분리성이 없는 관계라
는 점에서 연어와 호응 관계는 동일한 현상이 아니다.

즉, (4ㄱ)이나 (5ㄱ)처럼 두 언어 형식 간에 분리성이 없이 실현되는 경우도, 위의 (4ㄴ)처럼 두 형태 사이에 조사가 개입될 수 있으며, (5 ㄴ)이나 (5ㄷ)처럼 어순 변화를 통해 동일한 명제를 지니게 된다는 점을 감안할 때, 이러한 경우들도 형태 분리성의 관점에서 동일하게 설명해 줄 수 있다. 그리고 이렇게 연어적으로 실현되는 경우는 부분적인 예에 해당하며, 대부분의 호응 관계는 두 언어 형식들이 형태적으로 거리를 두고 분리되어 등장하는 특성을 보여 준다.

요컨대 호응 관계의 구성 요소가 되는 두 언어 형식들은 서로 거리를 두고 등장한다. 두 구성 요소가 연어적으로 나오게 되는 경우의 호응 관계라도 그 사이에 다른 언어 형식이 개입될 수 있는 분리성을 지닌다. 즉, 호응 관계는 구성 요소들이 형태적으로 서로 거리를 두고 분리되어 실현되는 형태 분리성의 특성을 가지고 있다.

3. 의미 부가성

서로 유사한 의미를 지닌 두 언어 형식들이 함께 등장하는 것을 호응 관계의 많은 양상들에서 찾아볼 수 있다. 즉, 호응 관계를 이루는 구성 요소들은 대부분 한 구성 요소가 다른 한 요소의 의미를 부가해 주는 동일 지시를 지닌 어휘들이다. 유사한 형태와 의미를 가진 구성 요소들이 함께 실현되며 서로의 의미를 더한다는 측면에서 이를 의미 부가성이라 한다.

호응 관계의 두 구성 요소가 의미 부가성을 띠며 실현되는 양상은 세 가지로 구분된다. 우선 동일한 형태의 두 구성 요소들로 이루어지는 호응 관계의 양상을 살펴보자.

> (1ㄱ) 자신이 살아온 길이 힘겹고 고된 나날이었ⓐ든 순탄하고 즐거움으로
> 가득찬 날이었ⓐ´든 그것은 모두 피할 수 없는 자기 길이다.

> (1ㄴ) * 자신이 살아온 길이 힘겹고 고된 나날이었ⓐ든 순탄하고 즐거움으로
> 가득찬 날이었ⓑ거나 그것은 모두 피할 수 없는 자기 길이다.

위 (1ㄱ)에서는 [든……든]의 호응 관계 형태를 보여 준다. 선행 요소 'ⓐ든'을 선택하였을 경우, 병렬의 선택 의미를 가진 구를 형성하는 것은 동일한 형태 'ⓑ든'과의 동반에 의해서이다. 동일한 병렬의 선택 의미를 가진 어미더라도 (1ㄴ)과 같이 '든' 이외의 형태인 'ⓑ거나' 등과 같은 형태를 'ⓐ든'과 함께 취하게 되면 이 문장은 비문이 된다. 이와 같이 호응 관계는 동일한 형태의 구성 요소의 동반으로 구성되면서 문장의 부분 의미를 강조하게 된다. 위 (1ㄱ)을 다음 문장과 비교하여 보자.

> (1ㄷ) 자신이 살아온 길이 어떤 나날이었든 그것은 모두
> 피할 수 없는 자기 길이다.

위 (1ㄷ)은 위의 (1ㄱ)과 비교해 볼 때 병렬적 선택의 의미가 없는 일반 문장이다. 이것을 [든……든]의 호응 관계가 이루고 있는 구만 따로 떼어 호응 관계 형태가 결합되어 있는 부분의 의미를 구체적으로 살펴보자.

> (1ㄹ) ① 힘겹고 고된 나날이었든 ② 순탄하고 즐거움으로 가득찬 날이었든

위에서 ①과 ②는 [든……든]의 호응 관계로 이루어지면서 병렬의 선

택 의미를 첨가해 준다. 즉, (1ㄷ)과 같이 '든' 하나만으로 표현한 문장
보다는 '병렬적 선택'이라는 의미가 부가되고 있다.

이렇듯 동일 형태들이 동반되는 호응 관계에 의해 문장의 부분적 의
미는 더 강조되고 특화되게 된다. 동일 형태들에 의한 의미 부가성을
나타내는 예는 다음에서도 보인다.

(2ㄱ) 너가 하ⓐ**거나** 말ⓐ'**거나** 나는 할 것이다.

(2ㄴ) * 너가 하ⓐ**든지** 말ⓑ**거나** 나는 할 것이다.

(2ㄱ)의 [거나……거나]는 동일한 형태들로 이루어지는 호응 관계 구
성 요소들로서 이와 같은 호응 관계 형태는 부분들의 의미를 동일성의
의미, 대등성의 의미로 강조해 준다. 한편, 위 (2ㄴ)은 'ⓐ든지'에 동일
한 형태의 구성 요소가 호응되지 못함으로써 비문이 된 경우이다.

다음으로는 호응 관계를 이루는 두 구성 요소들의 형태는 동일하지
않지만 그 의미가 동일하며, 결과적으로 구성 요소들이 이끄는 구들의
의미 내용이 반복·강조되는 호응 관계 양상이 있다.

(3ㄱ) 그는 얼굴이 잘 생겼을 **뿐더러** 운동**도** 잘한다.

(3ㄴ) ? 그는 얼굴이 잘 생겼을 **뿐더러** 운동을 잘한다.

위 (3ㄱ)에서 '도'는 부가적 의미나 강조적 의미 등을 지시하는 조사
이다. 그리고 이 조사는 동일한 맥락의 첨가적 의미를 지시하는 '-ㄹ
뿐더러, -ㄹ뿐만 아니라' 등과 동반하여 호응 관계를 이룰 때 그 의미
가 부가된다. 그런데 (3ㄴ)은 '-ㄹ뿐더러'가 '도'와 같은 동일 의미의
구성 요소와 함께 동반되지 못함으로써 어색한 문장이 되었다.

이렇게 볼 때 'ㄹ뿐더러, ㄹ뿐만 아니라'와 조사 '도' 등은 '부가, 강조'라는 동일한 의미를 지시하는 형태로서 두 어휘들이 결합되면 다음과 같은 호응의 관계를 이룸을 알 수 있다.

> [-ㄹ뿐더러……도], [-ㄹ뿐만 아니라……도]
> → 의미 부가: 호응 관계

이와 같이 두 구성 요소들이 서로 호응 관계를 이룸으로써 동일한 의미를 부가해 주는 형태들로는 다음과 같은 것들이 있다.

> [역시……도], [도……역시], [또한……도]
> [게다가……도, 까지], [하물며……도, 까지]
> [뿐만 아니라……도], [뿐만 아니라……까지]
> [역시……뿐더러], [뿐더러……역시],
> [뿐더러……도], [도……뿐더러]
> [뿐더러……까지], [도 ㄹ뿐더러……도]
> [또한……마찬가지로], [도……함께]
> [매……마다]

몇 예를 더 들어 보자.

> (4ㄱ) 그는 다소 멋쩍은 듯한 표정을 지으면서,
>   사인**뿐만 아니라** 악수**까지** 해 주었다.

> (4ㄴ) 그는 다소 멋쩍은 듯한 표정을 지으면서,
>   사인**뿐만 아니라** 악수를 해 주었다.

위의 예문 (4ㄱ)에서 [뿐만 아니라……까지]의 호응 관계는 동반의 고정성이 약하다. 즉, '뿐만 아니라'와 '까지'의 관계가 필연적으로 동반하게 되는 것이 아니라 '뿐만 아니라'가 가진 '첨가'의 의미로 인해 '까지'와 호응을 하게 되는 것이 의미적으로 자연스럽다는 점에서 이 두 언어 형식은 동반될 수 있는 호응 관계의 구성 요소들이 되는 것이다. 위 (4ㄱ)과 (4ㄴ)은 의미가 다소 다를 뿐이지 각각 적격문이다. 다만 여기에 상황의 요소가 개입되면 두 표현 중에 더 적확한 표현을 논할 수는 있게 되며, 동일한 맥락이라 할 때 (4ㄱ)에 '첨가'의 의미가 부가되어 있다고 보인다. 다음 예문에서도 의미 부가성을 지니는 호응 관계형들을 볼 수 있다.

(5) **매번** 올 **때마다** 이런 걸 가져오시면 어떡해요, 미안해서.

(5)에서 '매번'이 가지고 있는 수적인 '번번이'의 의미는, '때마다'라는 '시간'을 나타내 주는 '때'와 '낱낱이'의 의미를 갖고 있는 '마다'라는 보조사와 호응 관계를 이루어, 그 어휘 각각이 지니고 있는 '순간 상황 모두'라는 의미가 더욱 부가된다.

다음 세 번째로는 동일한 의미의 어휘는 아니지만 유사한 의미 자질을 가져 두 구성 요소들이 상호 부가적으로 작용하는 호응 관계의 양상들이 있다.

(6ㄱ) 내가 **만일** 구름이**라면** 비가 되어 당신에게 내리겠네.

위에서 보듯이 '만일'과 호응 관계를 이루는 요소인 어미 '-라면'[5]도 위 두 번째 경우와 같은 맥락에서 설명할 수 있다. 즉, 다음 (6ㄴ)의 예에서 '-라면'은 '가정'의 의미를 담고 있음을 볼 수 있다.

(6ㄴ) ① 내가 구름이**라면** ② 비가 되어 당신에게 내리겠네.

---

5) 어미 '-라면'은 '이다, 아니다'의 어간에 붙어, 가정의 뜻을 나타내는 연결 어미이다.

위 '① 내가 구름이라면'은 '확정의 사실'이 아닌 '불확실의 가정'을 의미하는 절이다. 이러한 의미를 나타내는 것은 연결 어미 '-라면'에 의해서이다. 그런데 화식 부사 '만일'은 일반적으로 조건절을 나타내는 언어 형식 '-으면, -라면' 등과 동반하며, 그 명제 내용은 '가정, 가상'일 때 호응 관계를 이루게 된다. 이러한 이유는 연결 어미 '-으면, -라면'6) 등이 가진 '가상성'의 조건과 더불어 '만일'이 지니고 있는 '가정성'의 의미에 기인한다. 즉, '만일'과 '-으면, -라면' 등이 공통적으로 가지고 있는 '가상성'과 '사실의 비고정성'의 의미가 이 두 요소를 호응 관계로 이끄는 언어 구조적인 조건이다.

다음 예문도 동일한 관점에서 파악할 수 있다.

(7) 마치 촛불의 광도가 주위를 환히 밝히듯 나는
    그 빛의 범위 내에서 살아가고 있는 것이다.

[마치……처럼 / 듯이 / 같이] 형식의 문구는 뒤따르는 지시 내용의 서술 정도를 같은 수준으로 한정하는 구실을 한다. '마치'와 '처럼'의 관계도 위 (6)의 경우와 마찬가지로 동일 맥락의 의미 부가성으로 실현되는 호응 관계이다. 부사 '마치'는 고정적으로 '처럼, (인)듯이, (와 / 과) 같이'와 호응 관계를 이루며, 그 단위들의 의미는 대상의 비유적 속성을 나타낸다7). 즉, 부사 '마치'는 비유하는 말 앞에 쓰여 '바로', '영락없이' 등의 뜻을 나타내는데, 이 말의 다음에는 '듯한', '듯이', '듯하다', '듯', '같다', '같이', '처럼' 등의 어휘가 따라 나온다.

---

6) 연결 어미 '-으면. -라면' 등은 김승곤(1991:206-212)에서도 밝혔듯이. 선행절의 내용이 '가상적인 조건'을 의미하거나. 또는 '조건의 사실성 여부가 고정되어 있지 않는 경우'에 쓰인다.

7) 부사 '마치'는 견줌의 대상에 이어져서 비교 서술을 한정하는 비교 정도 부사어이다. 이 부사는 피수식어의 표현 정도를 다른 경우와 대비하여 나타내는 의미 기능을 가진다.

[마치……처럼, (와/ 과)같이, (인)듯이, 듯, 듯한, 듯하다, 같다]
　→ 의미 부가: 호응 관계

　이와 같이 동일한 의미 자질을 가진 어휘들끼리 호응 관계를 이루기 쉽다는 것은 호응 관계가 가진 의미 부가성의 특성이다.
　다음 예에서도 이를 확인할 수 있다.

　(8ㄱ) 그 행위는 **절대로** 나를 위협하는 것도 **아니며**, 미워하는 것도 **아니다**.

　(8ㄴ) 그 행위는 <u>어떠한 경우에도</u> 나를 위협하는 것도 <u>아니며</u>,
　　　미워하는 것도 <u>아니다</u>.

　위 (8ㄱ)의 문장은 부정 극어인 '절대로'와 '부정'과의 호응 관계를 보여 주는 예이다. 즉, '절대로'가 가진 부정의 의미가 '아니다'라는, 역시 부정 의미의 서술어를 요구하여 그 부정의 의미를 부가해 주는 호응 관계문이다. 그런데 '절대로'와 동일한 의미를 지닌 '어떠한 경우에도'로 대치한 (8ㄴ)의 문장을 보자. 이 (8ㄱ)과 유사한 의미를 가진 문장인 (8ㄴ)에는 (8ㄱ)과 같은 호응 관계가 없다. 이것은 다음 (8ㄷ)을 보면 확인할 수 있다.

　(8ㄷ) 그 행위는 <u>어떠한 경우에도</u> 나를 위협하는 것이며, 미워하는 것이다.

　(8ㄹ) * 그 행위는 **절대로** 나를 위협하는 것이며, 미워하는 것이다.

　즉, 위 (8ㄷ)은 (8ㄱ)에서처럼 호응 관계 부사가 요구하는 부정형의 의미가 오지 않은 긍정형이지만 적격문이다. 그러나 (8ㄹ)과 같이 부정 극어류의 호응 관계 부사에 부정형이 동반하지 않으면 이 문장은 비문이 된다.

이와 같이 유사한 의미 자질을 가진 어휘들 간의 호응 관계 문장으로 다음과 같은 경우도 생각해 보자.

(9ㄱ) 사람은 **모름지기** 분별이 있**어야 한다.**

(9ㄴ) * 사람은 **모름지기** 분별이 **있다.**

위의 (9)는 당위성의 의미를 가진 어휘 '모름지기'와, 역시 당위성을 의미하는 어미형 '-어야 한다'가 상호 동반되어 서로의 의미를 부가해 주는 호응 관계의 구성 요소로 작용하는 것을 보여 준다.

이상의 예들을 통해 호응 관계는 대부분 동일한 의미를 가진 구성 요소들로 이루어져 서로 그 의미를 부가해 주는 의미 부가성이 있음을 살펴보았다.

요컨대 호응 관계는 문장을 범위로 하여 구성 요소들 간에 동반 고정성, 형태 분리성, 의미 부가성을 가지는데, 이러한 특성은 다음과 같이 명시화될 수 있다.

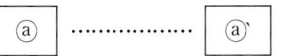

[그림 8] 호응 관계의 특성 명시화

위의 그림은 호응 관계의 각 특성을 명시화한 것이다. 여기에서 점선(……)은 두 구성 요소들이 연속적으로 나오는 것이 아니라 거리를 두고 등장한다는 형태 분리성을 나타내며, 동일한 기호들로 표시된 두 개의 네모(▢, ▢)는 함께 등장하는 두 개의 언어 형식들이 존재한다는 고정 동반성을 나타내며, 유사한 기호들의 짝(ⓐ, ⓐ`)은 호응 관계의 구성 요소들이 상호 동일 의미로 관련된다는 의미 부가성을 말한다. 즉, 호응 관계의 구성 요소들은 함께 등장하는 형태나 의미가 고정되어 있고, 두 구성 요소가 거리를 두고 동일한 의미를 서로 부가해주며 선조적으로 실현된다.

호응 관계의 유형　　**V**

제 5 장

호응 관계의 유형

문법은 언어 현상에 대한 분류적인 분석으로 체계화된다. 이 연구에서는 호응 관계의 유형을 두 가지 기준으로 분류한다. 호응 관계의 두 구성 요소가 동반될 때 그 고정되는 정도가 필수적인지 여부에 따른 기준으로 분류하는 것과, 호응 관계의 구성 요소들이 지시하는 대상이 문장의 범위를 넘어서는지에 의한 기준으로 분류하는 것이 그것이다. 호응 관계의 유형은 전자의 기준에 따라 '고정 정도에 따른 유형'으로, 후자의 기준에 따라 '작용 범위에 따른 유형'으로 나뉜다.

1. 고정 정도에 따른 유형

언어 구성 요소들이 호응의 관계를 이룰 때 그 두 요소가 결합되는 고정의 정도에는 차이가 있다. 한 언어 형식과 다른 한 요소가 반드시 동반되어야 할 형태와 의미를 지니고 이루어질 경우 '동반 필수 호응 관계'라 하고, 두 요소의 동반이 필수적이지는 않지만, 동반될 요소를 필요로 할 경우에 다른 언어 형식과는 동반되지 않고 특정 일부 요소와의 동반만이 가능한 경우를 '동반 가능 호응 관계'라 할 수 있다.

다음과 같은 구조도를 통해 호응 관계를 이루는 두 언어 형식의 필수 동반 호응 관계와 동반 가능 호응 관계에 대해 알아보자.

A, B = 구성 요소
(A: 선행 요소, B: 후행 요소)
B =동반 필수 형태, b =동반 가능 형태
B`=동반 필수 의미, b`=동반 가능 의미

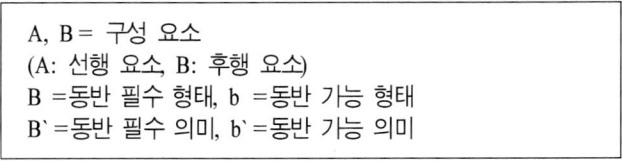

[그림 9] 동반 필수 호응 관계

위 [그림 9]는 구성 요소 A와 반드시 동반해야 하는 구성 요소 B로 이루어지는 동반 필수 호응 관계를 의미하는 것이고, 그것은 다시 ①과 같이 단일한 형태로 동반되는 호응 관계와, ②와 같이 제한된 의미로 동반되어 몇 가지 표현형을 갖는 호응 관계로 분류되는 양상을 보여 준다.

한편, 고정의 정도에 따라 동반 가능 호응 관계를 다음과 같은 구조도로 살펴볼 수 있다.

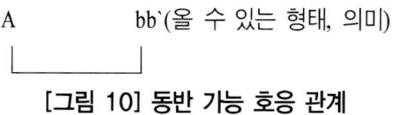

[그림 10] 동반 가능 호응 관계

위 [그림 10]은 구성 요소 A와 동반할 수 있는 구성 요소 B로 이루어지는 관계를 보여 준다. 이 유형에서는 두 언어 형식의 동반 고정성이 필수적이지는 않지만 동반해야 할 경우에는 일부 특정한 요소들만을 제한적으로 요구하는 양상을 띤다.

이와 같이 구성 요소들이 보이는 고정적 동반성의 정도에 따라 '동반 필수 호응 관계'와 '동반 가능 호응 관계'로 호응 관계를 분류할 수 있다. 다음에서는 이 두 유형에 대해 구체적으로 살펴보도록 하자.

가. 동반 필수 호응 관계

두 구성 요소가 반드시 함께 실현되는 호응 관계를 '동반 필수 호응 관계'라 한다. 동반의 요소들이 필수적으로 함께 등장해야 하는 경우는 고정의 정도가 강한 경우로서, 그것에는 형태적으로 고정된 경우와 의미적으로 고정된 두 가지의 경우가 있다. 이것은 형태의 단일성 여부로 파악하는 것이며, 이에 따라 '단일 형태 고정형'과 '변이 형태 고정형'으로 나눈다.

① 단일 형태 동반형

호응 관계를 이루는 두 개의 구성 요소들을 고정된 형태 관계로 파악할 수 있는 부류들이 있는데, 여기에는 고정적으로 동반되는 단일한 형태들인 일부 부사와 조사가 관련된다. 이 유형의 호응 관계는 구성 요소들이 단일한 형태들의 동반 관계로 실현되며, 그 양상은 다음과 같은 형식으로 이루어진다.

고정 형태 구성 요소 A: 고정 형태 구성 요소 B

[그림 11] 단일 형태 동반형의 호응 관계

이 호응 관계 유형에서는 문맥이나 상황에 관련 없이 언제나 고정된 단일한 형태들이 호응 관계의 구성 요소가 된다. 따라서 이것은 강한 고정적 동반성을 가진 호응 관계의 유형이다. 몇 부류로 나누어 제시하면 다음과 같다.

- 비유: [마치……처럼 / 듯이 / 같이]
- 나열: [에서……까지], [부터……까지]
- 병렬: [전자는……후자는]
  [첫째도……둘째도……n째도]
  [한편으로는……다른 한편으로는]
  [한편에서는……다른 한편에서는]
  [하나는……다른 하나는]

동반 필수 호응 관계의 단일 형태형에 대한 다음의 예를 보자.

(1ㄱ) 아침**부터** 밤**까지** 공부만 해야 하다니.

(1ㄴ) 이곳에서는 피부 미용에서**부터** 체형 관리**까지** 확실하게 책임집니다.

(1ㄷ) 서울**에서** 부산**까지**는 거리가 어떻게 되죠?

위 (1ㄱ), (1ㄴ), (1ㄷ)에 보이는 [에서(부터)……까지]는 두 언어 형식이 각각 단일한 형태로 고정되어 등장하는 호응 관계형이다. 다음의 경우도 마찬가지이다.

(2) 내게 소원이 무엇이냐고 묻는다면, **첫째도** 우리 조선의 독립이요, **둘째도** 독립이며, **셋째도** 독립이라고 답할 것이다.

위 (2)에서는 '첫째도'와 '둘째도', '셋째도'로 고정적인 형태의 호응 관계를 이루는 어휘들의 관계를 보여 준다.

이와 같이 단일 형태 고정형의 동반 필수 호응 관계는 반드시 두 구성 요소가 함께 등장하여야 하며, 그 형태는 단일한 한 형태만을 취한다.

② 변이 형태 고정형

이 호응 관계는 문맥에 따라 구성 요소의 표현형은 변하나 의미 관계는 고정적으로 동반되어 실현되는 유형으로 다음과 같이 형식화할 수 있다.

고정 형태 구성 요소 A: 고정 의미 구성 요소 B

[그림 12] 변이 형태 고정형의 호응 관계

이 구조는 선행 요소와 함께 등장하는 후행 요소가 의미적으로 고정되어 있고, 그 의미에 따르는 특정한 몇 개의 형태가 존재하는 경우를 말한다. 이것은 후행 구성 요소가 대부분 용언으로 실현되기 때문에 문맥에 따라 활용을 하여 단일한 형태가 아니라 변이 형태를 가지게 된다.

의미와 형태는 분리할 수 없는 언어 기호의 본질적인 양면이다. 이 둘의 분류는 분석의 편의상 가능한 것이며, 여기에서도 결국 의미와 형태는 복합적으로 제시될 수밖에 없다. 이에 따라 본 연구에서는 위와 같은 호응 관계의 양상에 대해 표면적으로는 문법적인 문장의 개념과 의미적으로는 명제 개념을 적용할 것이다. 의미 단위인 명제는 형태 단위인 문장으로 실현될 때 표현 형식의 문제로 분석될 수 있다. 그러나 언어 기술에서는 분석 단위의 일관된 기준이 요구된다. 따라서 언어 기술의 통합 이론에 의거하여, 명제 유형이 표면 형태에 기반을 둔 추상적인 통사적 요소들의 의미로부터 기인한다는 점과, 그리고 그러한 정보는 수행 동사의 의미로부터 나온다는 점에서 문장 유형과 명제 유형의 관련성을 시도해 볼 수 있다[1]. 따라서 다음과 같이 일부 어휘의 예로 들어 명제 유형과 문장 유형 둘 다를 통합적으로 제시할 수 있다.

	<고정 의미>	<표현 형태>
오 죽 ……	{정 도}	-랴, -면, -기에 등
만 약 ……	{가 정}	-라면, -ㄴ다면, -이면 등
결 코 ……	{부 정}	-지 않다, 못하다, 없다, 아니다 등
비 록 ……	{양 보}	-ㄹ지라도, -지만, -지라도, -더라도 등

위에서 표현형과 관련된 문장 유형과 의미와 관련된 명제 유형을 함께 제시해 보았다[2]. 이에 대해 구체적인 호응 관계의 예문을 들어 살펴보자.

[문장 유형] (1) 그 사람은 나를 **결코** 배신하지 **않는다.**

(2) **결코** 이룰 수 **없는** 사랑에 빠진 그녀가 보기 안쓰럽다.

(3) 우리는 **결코** 상사가 시키는 대로 그대로만은 할 수 **없습니다.**

---

1) Katz(1977:49)가 언급하듯이 명제 유형은 의미의 문제이고, 따라서 통사 구조로만은 설명이 불가능하다. 문장 유형에 해당하는 서법의 문제는 발화 수반 행위(illocutionary act)의 의미 요소에 통합해서 고려해야 한다. 우리는 여기에서 호응 관계의 기술 단위가 문장 유형과 명제 유형 중 어느 하나만으로는 완전할 수 없음을 시사받는다. 통합적이고 단계적인 기술을 수용한다면 의미에 대한 명제 유형의 기술이 일차적으로 중심이 되고, 그 의미의 구체적이고 형태적인 실현에 대해서는 문장 유형의 기술에서 수행하도록 해야 한다.

2) 언어 사용자가 표현하고자 하는 표현 내용을 의미라 할 때 표현화되는 과정에서는 의미 단위인 명제로 그 내용을 인식한다. 그리고 그것이 문장 유형으로 실현된다. 위의 기술 방식은 이러한 언어 사용의 문제를 문장과 명제 둘 모두를 통합적으로 기술하여 서로 관련지어 파악하고자 하는 입장이다. 호응 관계 구성 요소들의 의미와 형태에 대한 표현 양상은 이러한 맥락에서 병행하여 기술될 수 있는데, 여기에서 더 초점이 맞추어지는 것은 선행 요소 A이며, 그 호응 관계 구성 요소 A에 이끌리는 구성 요소 B는 다양한 표현형으로서 형태의 변이성을 지닌다. 구성 요소 A와 B의 관계에서 반드시 A가 우선적인 것은 아니다. 다만 언어 구조체의 선조적 특성에 따라 분석상 A와 B의 관계를 순서적으로 파악할 때 A가 기준이 되는 것이다.

[명제 유형] **결코……{부정}**

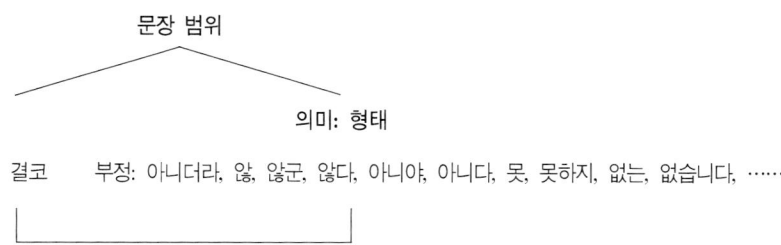

문장 범위

의미: 형태

결코   부정: 아니더라, 않, 않군, 않다, 아니야, 아니다, 못, 못하지, 없는, 없습니다, ……

위에서 보듯이 '결코'라는 어휘와 동반되는 대상은 '부정'의 의미를 가진 명제인데, [결코……{부정}]의 호응 관계는 문맥에 따라 '부정'의 의미가 여러 변이 표현형으로 실현된다. 이러한 변이 형태 고정형의 호응 관계들을 제시하면 다음과 같다.

- 당 위:
  [모름지기……{당위, 필연} ㄴ다, 어야 한다, 이다, ㄹ뿐이다, 따름이다]
  [부득이……{당위, 필연} ㄴ다, 어야 한다, 이다, ㄹ뿐이다, 따름이다]
  [꼭, 반드시, 결단코……{당위, 의지, 확신} ㄴ다, 어야 한다, 이다, ㄹ것이다]
  [단연, 단연코, 단연히, 확실히……{확신, 의지} ㄴ다, 어야 한다, 이다, ㄹ뿐이다]
  [기필코, 기어이……{의지} ㄴ다, 어야 한다, 이다, 겠다]
  [그야말로……{확신} 어야 한다, 이다, ㄹ뿐이다, 따름이다]

- 의 구:
  [설마, 행여나……{의구, 의문, 추측} 습니까, 오리까, 아요 / 어요, 으오 / 소, 지요, 는가 / 는고, 을까, ㄹ쏜가, 나, 느냐 / 냐, 느뇨, 니, 랴, ㄹ쏘냐, 고, 아 / 어, 이야ㄹ까, 래]
  [어쩌면, 아마……{의구, 의문, 추측, 추정} ㄹ지도, 일 것이다, ㄹ걸]
  [혹시……{의구, 의문, 추측, 추정} 습니까, 오리까, 아요 / 어요, 으오 / 소, 지요, 는가 / 는고, 을까, ㄹ쏜가, 나, 느냐 / 냐, 느뇨, 니, 랴, ㄹ쏘냐, 고, 아 / 어, 이

야르까, 래]

- 정 도: [얼마나, 오죽……{정도, 의문}ㄴ가, ㄴ지, 으면, 랴/ 리/ 께

- 양 보: [비록, 아무리, 설사, 설령, 설혹……{양보}ㄹ지라도, 고ㄴ들, 지만, 어도/ 아도, 하기로서니]

- 가 정: [만약, 만일, 가령……{가정, 가상}라면/ 다면/ 이면, 거든]

- 이 유: [왜냐하면……{이유, 근거, 원인}어서/ 니까/ 므로, 때문이다]

- 요 청: [제발……{명령, 요청, 제안}어요, 해라, 세요]

- 부 정: [여간……{부정}아니다]

- 부 정: [결코, 별반, 별로, 다시는, 절대로, 단연코, 그리, 전혀, 좀처럼, 더이상, 고사하고, 과히, 도무지, 도시, 도저히, 통, 만부득이, 전연, 좀체, 차마, 일절, 이루, 그다지, 아무도, 누구도, 아무것도, 조금도, 추호도, 털끝만큼도, 쥐뿔도……{부정}없다, 아니다, 못하다, 안, 못]

- 부 정: [커녕, 밖에……{부정}없다, 아니다, 못하다, 안, 못]

- 긍 정: [뿐……{긍정}이다]

다음 예들을 통해 구체적으로 설명해 보자.

(1ㄱ) **기필코** 이번엔 일등을 **하리라.**
(1ㄴ) **기필코** 이번엔 일등을 **하겠다.**
(1ㄷ) **기필코** 이번엔 일등을 **하고야 만다.**

위 (1)에서 보듯 '기필코'는 '의지'의 의미와 호응하며, 그 형태로는 위와 같이 '-리라, -겠다, -고야 만다' 등의 다양한 변이형을 취한다.

(2ㄱ) 이번에는 좀 쉬어야겠다. **왜냐하면** 너무 **힘들어서**.
(2ㄴ) 이번에는 좀 쉬어야겠다. **왜냐하면** 너무 힘들**기 때문이다**.

위 (2)의 '왜냐하면'은 '이유'의 의미와 호응하며, 그 형태로는 '-어서, -기 때문이다' 등을 취한다.

요컨대 이 변이 형태 고정형의 동반 필수 호응 관계들은 구성 요소들의 고정적인 동반 관계로 이루어지며, 동반되는 어미들은 활용을 하며 다양한 형태로 실현된다.

이상으로 동반 필수 호응 관계에 대하여 알아보았다. 동반 필수 호응 관계는 두 개의 구성 요소들이 반드시 함께 동반하게 되는 강한 고정성을 가진 호응 관계이며, 동반되는 구성 요소의 형태 단일성 여부에 따라 '단일 형태 동반형'과 '변이 형태 고정형'으로 나뉜다.
다음에서는 함께 등장하는 구성 요소들의 고정성 정도가 약한 동반 가능 호응 관계를 살펴보도록 하겠다.

나. 동반 가능 호응 관계

선행의 호응 관계 요소가 후행 요소를 반드시 동반해야 하는 것은 아니지만, 현실 담화상에서 볼 때 특정 두 언어 형식이 동반하여 실현되는 분포가 높은 호응 관계의 유형이 있다. 특정한 구성 요소들이 함께 동반될 가능성이 높다는 측면에서 이것을 동반 가능 호응 관계라

부를 수 있다. 고정성이 약하기는 하지만 여기에 제시된 관계형들은 상
호간에 긴밀한 동반성을 갖고 있으며 제한된 단일 형태들을 요구한다.
다음에서 의미 중심으로 몇 개의 부류로 나누어 그 호응 관계의 형태
를 제시하도록 하겠다.

- 유 일: [오직 · 오로지……뿐/ 만/ 밖에/ 따름]
  [다만 · 단지……뿐/ 따름/ 밖에]
  [단……만/ 뿐/ 따름]

- 점 진: [점점……ㄹ수록], [점차……ㄹ수록]
  [점차적으로……ㄹ수록], [점점……그럴수록]

- 등 가: [이든……이든], [든지……든지],
  [건……건], [랑……랑], [하고……하고]

- 부 가: [역시……도], [도……역시], [또한……도]
  [게다가……도, 까지], [하물며……도, 까지]
  [뿐만 아니라……도], [뿐만 아니라……까지]
  [역시……뿐더러], [뿐더러……역시]
  [뿐더러……도], [도……뿐더러]
  [뿐더러……까지]
  [또한……마찬가지로], [도……함께]
  [매……마다]

- 부 가: [는 데다가……까지, 도], [도 데다가……도, 기까지]

- 상 보: [한편으로는……다른 한편으로는]
  [한편에서는……다른 한편에서는]
  [한편……-기도, -기도 하다]
  [하나는……다른 하나는]

[-이거나……아니면 -이다]

[-ㄹ 것인가……ㄹ 것인가]

[-ㄹ바에(야)……차라리]

[n 가운데, n 중에서……한 가지는/ 하나는/ 어떤 것은]

• 기 간: [이래로……계속/ 줄곧]

• 확 인: [야말로……가장/ 확실히]

• 비 교: [보다……훨씬/ 더/ 덜]

• 인 정: [하기야……ㄹ만도 하다/ -기도 하다]

이상의 유형들은 두 구성 요소들이 필수적으로 동반하지는 않지만, 다른 요소와의 동반에 비해 볼 때 이들의 상호 동반 분포가 높은 동반 가능 호응 관계이다. 다음에서 몇 예를 통해 이 동반 가능 호응 관계를 알아보자.

(1ㄱ) 이 세상에서 내가 사랑하는 사람은 **오직** 너**뿐**이야.

(1ㄴ) 이 세상에서 내가 사랑하는 사람은 **오직** 너**밖에** 없어.

(1ㄷ) 이 세상에서 난 **오직** 너**만**을 사랑해.

위 (1ㄱ), (1ㄴ), (1ㄷ)에서 보듯 '오직'은 일반적으로 '뿐, 밖에, 만' 등과 고정적으로 동반되는 호응 관계를 이룬다. 그러나 다음 (1ㄹ)과 같은 표현도 가능하다.

(1ㄹ) 이 세상에서 내가 사랑하는 사람은 **오직** 너야.

위의 (1ㄹ)에는 '오직'과 반드시 고정적으로 동반해야 할 언어 형식은 없다. 이때는 '뿐, 밖에, 만' 등의 어휘가 선택 요소일 뿐이다. 즉, 이 호응 관계는 '오직'과 '뿐, 밖에, 만'의 구성 요소들이 필수적으로 동반되지는 않는 것이다. 마찬가지 측면에서 다음 (2)의 예들을 보자.

(2ㄱ) **매번** 올 **때마다** 이런 걸 가져오시면 어떡해요, 미안해서.

(2ㄴ) **매번** 이런 걸 가져오시면 어떡해요, 미안해서.

(2ㄷ) 올 **때마다** 이런 걸 가져오시면 어떡해요, 미안해서.

위 (2ㄱ)은 '매번'과 '때마다'라는 동일한 의미를 가진 호응 관계의 구성 요소가 함께 쓰여 '매 상황마다'라는 의미가 부가되고 있다. 그러나 (2ㄴ)과 같은 표현도 (2ㄱ)에 있는 '때마다'라는 어휘는 없지만 '매번'이라는 어휘 하나만으로 충분히 적격문이 된다. 또한, (2ㄷ)처럼 '때마다'만 쓰여도 문법적으로 문제가 없다. 그러나 '매번'이란 어휘가 그 의미의 강조를 위해 고정적으로 요구하는 형태가 있다면, 그것은 '(때)마다'로 국한된다. 다음의 예문들도 이와 동일한 맥락으로 이해할 수 있다.

(3ㄱ) 이 아이는 **점점** 커**갈수록** 외가 쪽을 닮아가네요

(3ㄴ) 이 아이는 **점점** 외가 쪽을 닮아가네요

(4ㄱ) 오**든지** 가**든지** 상관 말아라.

(4ㄴ) 오**든지** 상관 말아라.

(5ㄱ) 그는 다소 멋쩍은 듯한 표정을 지으면서,
　　　사인**뿐만 아니라** 악수**까지** 해 주었다.

(5ㄴ) 그는 다소 멋쩍은 듯한 표정을 지으면서,
　　　사인**뿐만 아니라** 악수를 해 주었다.

(6ㄱ) 그 청년은 잘생긴 **데다가** 똑똑하기**까지** 하다.
(6ㄴ) 그 청년은 잘생긴 **데다가** 똑똑하다.

(7ㄱ) 벌써 한 한기가 다 지났다니 **한편으로는**
　　　시원하기도 하고 **다른 한편으로는** 섭섭하기도 하다.

(7ㄴ) 벌써 한 한기가 다 지났다니 **한편으로는** 시원하기도 하다.

위 (3ㄱ)~(7ㄱ)을 살펴보면, 호응 관계의 두 구성 요소들이 상호 한정되고 고정된 형태들의 동반 관계로 이루어져 있는 반면, (3ㄴ)~(7ㄴ)은 (3ㄱ)~(7ㄱ)에서 보이는 구성 요소들 중의 하나만으로도 문법적이며 그 명제 의미 또한 (3ㄱ)~(7ㄱ)과 각각 유사하다. 이러한 것은 화용상의 문제로서 화자 자신의 표현 의도에 따라 이루어진다. 이를 볼 때 (3)~(7)의 각각의 예들은 모두 국어로서 문법적이며, 호응 관계를 이루는 구성 요소들 간의 고정적 동반성에는 정도 차이가 있음을 알 수 있다.

이상으로 두 구성 요소들이 함께 동반되는 고정성의 정도에 따라 호응 관계를 분류해 보았다. 호응 관계는 반드시 두 구성 요소가 함께 등장해야 하는 '동반 필수 호응 관계'와 두 구성 요소의 고정성이 선택적이라 할 수 있는 '동반 가능 호응 관계'로 나뉜다.

2. 작용 범위에 따른 유형

호응 관계는 문장을 대상 범위로 취하며 일부 양상은 텍스트 범위와 관련된다. 호응 관계의 작용 범위로는 문장 안과 문장 밖의 단위를 고려해 볼 수 있다. 문장은 문법 구조에서 체계화될 수 있으며, 통사 구조에 의해 설명된다. 그리고 문장 밖의 단위는 '결속성(cohesion)'과 '결속 구조(coherence)'로 설명된다. 문장 밖의 언어 단위는 미시적인 관점으로 분석할 때 문법적인 구조에 의한 분석이 가능하다.

이 절에서는 지금까지 분석한 호응 관계에 대하여 문장 안에서의 기능 외에 문장 밖의 작용에 대한 양상들을 알아보고자 한다. 이를 위해 문장 안에서의 호응 관계를 '기본 범위에서의 호응 관계'라 하고, 문장 밖까지 관련되는 호응 관계를 '확장 범위에서의 호응 관계'라 하여 살펴보도록 하겠다.

가. 기본 범위에서의 호응 관계

호응 관계는 구성 요소들의 통합적 관계로 이루어지는 문법적인 양상이다. 호응 관계는 일차적으로 문장을 작용 범위로 한다. 그 이유는 호응 관계를 구성하는 형태들이 대부분 부사어나 조사류로서 문장 내의 구성 성분이기 때문이다.

(1) 우리에게는 **오직** 승리가 기다릴 **뿐**이다.

위 (1)의 [오직……뿐]은 문장 내에서 두 구성 요소 자체만의 관계로 호응 관계를 이룬다. 여기에는 문장 밖의 요소와는 상관없이 '오직'과 '뿐'이 한 단위체로서 갖는 의미가 나머지 '우리, 에게, 는, 승리, 가, 기다리다'와 통합 관계를 이루며 문장의 전체 의미에 기여한다. 다음 문장에서 보여 주는 호응 관계도 마찬가지이다.

(2) 요람ⓐ에서 무덤ⓐʹ까지 사랑하고 싶은 사람은 ⓑ오직 당신ⓑʹ밖에 없습니다.

위 (2)에서는 ⓐ와 ⓐʹ의 [에서……까지], ⓑ와 ⓑʹ의 [오직……밖에]의 호응 관계들이 문장의 일부 요소로 기능하며, 나머지 어휘들은 통합적으로 관련되어 문장의 전체 의미를 구성하고 있다. 그러나 다음의 호응 관계를 보자.

(3) ① 자기도 모르게 저절로 '슬슬 우러나오는 아픔'으로 '쓰린 품', 즉 '품이 쓰린 상태'를 우리는 '슬픔'이라고 한다. ② **또한** '아픔'은 '(빼)앗긴 깃품'으로 '아린 품', 즉 '품이 아린 상태'를 이르는 말이기**도** 하다.

위 (3)의 ② 문장에는 [또한……도]의 호응 관계 형태가 있다. '또한'이라는 첨가 의미를 지닌 어휘는 동일한 의미를 지닌 '도'와 호응 관계를 이룬다. 이러한 관계는 일차적으로 모두 문장 내에서 해결된다. 그런데 여기에서 '또한'이라는 어휘가 지시하는 대상이 어디에 있느냐에 따라 이 문제는 다르게 보아야 한다. 위 ② 문장의 '또한'이란 어휘가 지시하는 대상은 ① 문장을 전제한 후에 이루어진다. 즉, 호응의 관계는 ② 문장 내에서 해결되기는 하지만, 이것은 형태적인 것이고 그 의미까지 생각할 때에는 문장 ①까지 고려해야 완전하게 되는 것이다.
다음 (4)의 문장과 위 (3)의 문장에 있는 '또한'을 비교해 보자.

(4) ① 그와 함께 있으면 기분이 좋다.
② 그 사람은 잘 생기고 **또한** 예의도 바르다.

위 (4) 문장 역시 '또한'과 '도'의 호응 관계가 있다. 그러나 여기에서의 '또한'은 그 지시 대상이 ② 문장을 벗어나지 않는다. 여기에서의 '또한'은 같은 문장에 있는 '잘 생기다'를 지시하면서 동시에 '예의가 바르다'를 더하여 둘의 부가적 의미를 완성시킨다.

이러한 것은 호응 관계 구성 요소들이 갖는 어휘적 성격에 따르는 것으로서 호응 관계의 한 유형을 이룰 수 있는 내용이다. 이에 대하여 더 구체적으로 살펴보자.

(5) ① 소나무와 오동나무는 모두 목본 식물이다.
    ② 그러나 종별로 볼 때 **전자는** 침엽수에 속하고, **후자는** 활엽수에 속한다.

위 (5)의 ②에는 '전자는'과 필연적으로 동반하는 형태인 '후자는'이 호응 관계를 이루고 있다. 그런데 여기에서는 이 둘 자체만의 호응 관계와 더불어 선행 요소의 지시 내용을 고려해야 한다. 즉, 다음 (5ㄱ)의 분석에서 보이는 바와 같이 앞에 '소나무'와 '오동나무'라는 두 개의 구체적인 지시 대상이 없다면, [전자는……후자는]의 호응 관계는 (6)의 예문처럼 의미가 없게 되며, 이것은 (6ㄱ)의 분석을 보면 쉽게 알 수 있다.

(5ㄱ) 소나무   오동나무
        ↕   ↕
      전자는 ⇔ 후자는

(6) * 우리 학교에는 큰 나무가 두 그루 있는데, **전자는** 후박나무이고 **후자는** 등나무이다.

(6ㄱ)   *두   그루
         ↕   ↕
       전자는 ⇔ 후자는

　이와 같이 호응 관계를 이루는 구성 요소들의 의미와 형태가 문장 밖의 요소와 밀접하게 관련되는 일부 호응 관계 형태들이 있다[3]. 이렇게 호응 관계의 작용 범위가 문장 밖까지 고려되어야 하는 경우들에 대하여 다음에서 구체적으로 살펴보도록 하겠다.

나. 확장 범위에서의 호응 관계

　문장은 문법성에 의해 평가되고 텍스트는 텍스트성에 의해 평가된다. 이처럼 두 범위가 동일한 기준에 의해 평가되지 못하는 이유는 문장 단위와 텍스트 단위가 지니고 있는 구조적인 상이함에 근거한다. 문법성은 통사 구조의 적격성으로 이루어지고 텍스트성은 문장들의 결속성(cohesion)[4]과 결속 구조(coherence)로 이루어진다[5]. 텍스트성은 결속 구조라는, 문장 차원에서는 설명될 수 없는 특수한 의미적 기능을 지니고 있다. 그러한 이유로 텍스트를 문장과 똑같은 방식으로 분석할 수는 없다. 그러나 텍스트가 문장들의 결합으로 구성된다는 관점에서 볼 때는 언어 형식들을 중심으로 텍스트에 대한 문법적인 분석을 할 수가 있다.

　결속성은 일반적으로 텍스트에서 언어 형식과 언어 형식 간의 연결 방식을 말한다[6]. 그리고 결속성은 정보의 실질(substance)적 내용을 구

---

3) 이 절에서는 동반 필수 호응 관계형과 동반 가능 호응 관계형을 따로 분류하지 않고 함께 다루었다.

4) 용어 cohesion은 '결속성, 결속 관계, 응집성' 등 다양하게 번역되고 사용되는 개념이다. 그러나 이들 용어의 다양성은 그 현상의 정확한 이해를 바탕으로 설명된다면 어느 용어를 선택하여 사용하든 내용의 일관성을 유지할 수 있게 된다고 보므로, 본 연구에서는 통칭하여 '결속성'으로 표현하도록 하겠다.

5) 이러한 결속성과 결속 구조에 대한 연구는 Halliday & Hasan(1976)에서부터 체계화되었는데, 그들은 결속성을 이루는 요소들을 '지시, 대치, 생략, 접속, 어휘'로 분류한다. 그 뒤의 연구도 전반적으로 이들의 틀과 유사하다.

6) 그러나 de Beaugrande, R. & Dressler, W.(1981)는 결속성을 텍스트뿐만이 아니라 문장에서의 긴밀한 연결 관계로 파악한다. 이렇게 볼 때 결속성은 표층 구성 요소

성하는 내용 요소(content element)와, 내용 요소들 간의 관계(relation among substantial content-elements)를 성립시키는 기능을 하는 문법 요소(grammatical element)들의 관계로 분석될 수 있다[7]. Brinker, K.(1994)는 텍스트 구조를 문법적 기술 층위에서 분석하는 방법으로, 텍스트의 기본 단위를 문장으로 보고 문장의 구조에 대해 거시적인 방법과 미시적인 방법으로 접근한다[8]. 텍스트 미시 구조 분석에서는 분석의 단위로 문장과 명제를 취하는데, 문장은 통사론적 구조 단위이며 명제는 의미론적 구조 단위이다. 이러한 분석에서 관계의 단위가 되는 것은 성분 간의 통합성이다. 텍스트를 문장 구조적 방법으로 분석하는 연구 방법 중 동일 지시되는 명사구들의 연쇄를 중심으로 텍스트를 설명하는 방식을 살펴보자.

다음의 텍스트는 동일 명사구들이 문장들 간에 다시 수용되면서 텍스트의 결속성을 이루고 있다.

(1) ⓐ 일부 노래방에서 틀어주는 배경화면이 지나치게 선정적이다. ⓑ 얼마 전 친구들과 노래방을 간 적이 있다. ⓒ 일행 중에는 여자도 있었는데 모니터에 나오는 장면이 너무나 노골적이어서 제대로 놀지도 못하고 나와 버렸다. ⓓ '스트립트 걸 콘테스트' 등 여성들이 선정적인 차림으로 나오는 화면이 대부분이었다. ⓔ 노래방을 이용하는 연령층은 10-50대로 폭이 넓을 뿐만 아니라 가족 단위로도 많이 찾고 있는데 배경화면이 포르노 비디오와 다를

들이 문법적인 형식과 규칙에 따라 상호 의존하여 문법적인 통합을 이루게 되는 개념이라는 것으로 포괄적으로 파악할 수 있으며, 표층 요소들 간의 관계를 표시하는 데 사용될 수 있는 모든 기능이 이 개념 속에 포함된다. 그러나 본 연구에서는 텍스트 범위에서 논하게 되는 일반적인 결속성의 개념에 대해 문장의 호응 관계가 어떠한 점에서 관련될 수 있는지를 살펴보는 데 초점을 맞추고자 한다.

7) 이 분석에 따르면 호응 관계는 결속성을 이루는 문법 요소들의 관계에 해당한다.
8) 텍스트 언어학에서는 구성 요소들의 관계를 분석할 때, 언어 구조체의 계층 구조인 형태소나 단어, 문장 성분, 문장 등이 텍스트의 단위로 확장된 것으로 보며, 이러한 기본 입장에 따라 텍스트를 '문장들의 응집적인 연쇄'로 규정하게 된다. 이러한 관점에서는 텍스트의 결속성을 문법적으로 파악한다.

바 없으니 청소년들에게는 해악이 되고 있다. ⓕ 노래방은 이미 우리 대중 문화의 한자리를 차지할 만큼 뿌리를 내렸다. ⓖ 국민 모두가 즐겨 찾는 공간이 됐다. ⓗ 회식이나 모임이 끝나면 자연스럽게 노래방을 찾는다. ⓘ 이런 현실에서 노래방 문화도 한 번쯤 점검할 때가 되었다고 생각한다. ⓙ 당국에서 노래방이 좀더 건전하게 발전할 수 있도록 유도해야 할 것이다. ⓚ 노래방 업자들도 청소년들에게 탈선을 조장하는 노래와 화면을 걸러 내는 등 자발적인 노력을 기울여야 한다.

이 텍스트는 문장들 간에 명사구들이 연속되고 그 명사를 후행 문장에서 재수용함으로써 결속성을 이루고 있다. 이 텍스트에 나타난 명사구들과 재수용 표현을 분석하면 다음과 같다.

A 지시 대치어	**B 재수용 표현**
A_1 노래방(업자)	
A_2 선정적인 배경화면	
A_3 친구들	
A_4 스트립 걸 콘테스트	
A_5 노래방 이용층	
A_6 대중문화	
A_7 당국	
A_8 자발적인 노력	

지시 대치어를 A라 하고, 이를 동일 명사구로 재수용한 것을 B라 할 때, 이 텍스트에서 문장들 간에 이루어지는 결속력은 다음과 같은 관계로 구조화되고 있다.

$$
\begin{array}{ll}
ⓐ & A_1 \cdots\cdots A_2 \\
ⓑ & B_1 \cdots\cdots A_3 \\
ⓒ & \downarrow \cdots\cdots B_2 \cdots\cdots B_3 \\
ⓓ & \downarrow \cdots\cdots B_2 \cdots\cdots\cdots A_4 \\
ⓔ & \downarrow \cdots\cdots (B_2) \uparrow \cdots\cdots\cdots\cdots A_5 \\
ⓕ & B_1 \cdots\cdots \downarrow \cdots\cdots\cdots\cdots\cdots (B_5) \uparrow \cdots\cdots A_6 \\
ⓖ & B_1 \cdots\cdots \downarrow \cdots\cdots\cdots\cdots \downarrow \cdots \uparrow \cdots\cdots (B_6) \uparrow \\
ⓗ & B_1 \cdots\cdots \downarrow \cdots\cdots\cdots\cdots \downarrow \cdots \uparrow \\
ⓘ & B_1 \cdots\cdots \downarrow \cdots\cdots\cdots\cdots \downarrow \cdots \uparrow \cdots\cdots\cdots\cdots\cdots A_7 \\
ⓙ & (B_1) \uparrow \cdots B_2 \cdots\cdots\cdots\cdots\cdots\cdots (B_5) \uparrow \\
ⓚ & B_1 \cdots\cdots B_2 \cdots\cdots\cdots (B_5) \uparrow \cdots\cdots\cdots\cdots\cdots\cdots A_8 \\
\end{array}
$$

이렇게 지시어나 재수용되는 명사구의 관계로 문장들의 결합이 이루어지고, 이러한 문장들의 결합으로 텍스트를 바라보는 문장 미시 구조적인 접근을 할 때, 텍스트는 문장의 구조적인 확장 개념으로 간주된다.

이처럼 텍스트를 언어 형식들의 문법적 관계로 이루어진 문장들의 결합이라는 관점에서 파악할 때, 텍스트 결속성이란 구성 요소들이 문장들 간에서 수직 상하 관계로 관련성을 맺는 현상이라고 볼 수 있다.

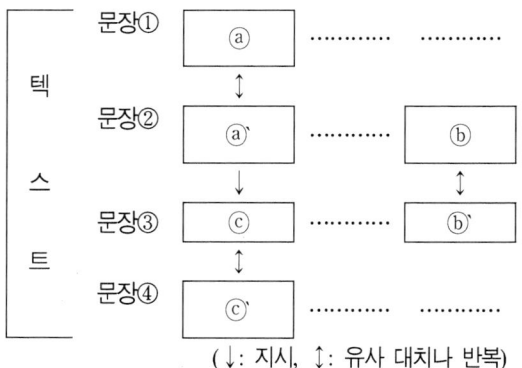

(↓: 지시, ↕: 유사 대치나 반복)

[그림 13] 텍스트 결속성의 명시화

호응 관계와 관련하여 이를 구체적으로 살펴보자. 문장 안에서 파악할 때의 호응 관계는 언어 구성 요소들의 수평적 통합 관계로 설명이 가능하다. 그러나 문장을 넘어서 지시되는 어휘가 있을 때에는 텍스트의 결속성과 관련되며 이러한 호응 관계 또한 위와 같이 언어 형식들의 수직 상하 관계로 파악되어야 한다.

이를 구조화해 보면 다음과 같다. 아래에서 X, Y는 각각 언어 구성 요소들이고, A, A`는 호응 관계를 이루는 구성 요소들이라 할 때, 다음 [그림 14]는 문장 안에서의 호응 관계에 대한 구조화이고, [그림 15]는 문장 밖까지 관련되는 호응 관계의 구조화이다.

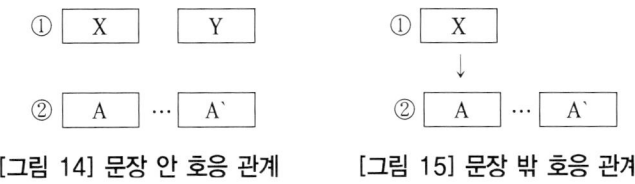

[그림 14] 문장 안 호응 관계   [그림 15] 문장 밖 호응 관계

다음과 같은 예문을 통해 위 그림의 관계들을 파악해 보자.

(2) ① 그와 함께 있으면 기분이 좋다.
　　② 그 사람은 잘 생기고 **또한** 예의**도** 바르다.

(3) ① 소나무와 오동나무는 모두 목본 식물이다.
　　② 그러나 종별로 볼 때 **전자는** 침엽수에 속하고, **후자는** 활엽수에 속한다.

위 (2)는 두 개의 문장이 결속되어 있는 한 텍스트이지만, 호응 관계의 구성 요소가 가지는 지시 의미의 작용 범위는 그 언어 형식이 속한 ②의 한 문장 범위를 넘지 않는다. 즉, '또한'과 '도'의 호응 관계는 ② 문장 내에서의 관계로 모두 파악이 된다. 한편 (3)에서는 문장 ②의 구성 요소들인 '전자는'과 '후자는'이 ② 문장 범위를 넘어 문장 ①의 '소나무'와 '오동나무'를 지시하고 있다. 즉, 호응 관계의 언어 형식들이 문장과 문장들의 결속성과 관련되어 이루어지고 있다.

이렇게 볼 때 문장 내 언어 형식들의 수평적 구조화인 [그림 14]에 대한 예문이 (2)이고, 언어 형식들이 문장 밖까지 관련되어 수직적 구조를 이루는 것을 말해 주는 [그림 15]에 대한 예문은 (3)에 해당한다. 호응 관계 중에는 그 지시 의미의 범위가 (3)과 같이 문장의 범위를 넘어서 이루어지는 유형들이 있으며, 그 예들은 다음과 같다.

```
[전자는……후자는]
[한편에서는, 하는가 하면……또 한편에서는, 하기도 한다]
[한편으로는……다른 한편으로는]
[한편에서는……다른 한편에서는]
[하나는……다른 하나는]
[첫째는……둘째는……n째는]
[첫째도……둘째도……n째도]
[왜냐하면……때문이다]
[게다가, 또한……도]
[그 이유는……때문이다]
[점점……그럴수록]
```

문장 밖의 언어 형식까지 고려해야 하는 호응 관계들에 대해 다음 예들을 통해 살펴보자.

(4) ① 우리나라는 지금 과도기에 있다. ② 이에 따라 **한편에서는** 삼강오륜과 같은 전통적인 가치관이 강조**되는가** 하면, **다른 한편에서는** 외래적인 풍조가 판을 치기도 **한다.**

위 (4)는 ② 문장 내에서의 호응 관계 [한편에서는……다른 한편에서는]만으로는 전달 의미가 완전하지 않다. 즉, 위 (4)에서 문장 ②의 [한 편에서는……다른 한편에서는]의 의미 관계에서 보이는 것과 같은 '두 가지 측면'을 말하기 위해서는 이 문장 밖의 선행 지시로 ① 문장의 '우리나라는 지금 과도기에 있다'와 같은 내용 요소가 있어야 한다.

다음의 예들도 호응 관계의 구성 요소들이 문장 범위를 넘어 작용하는 유형이다.

> (5) ① 00이 대학보다 더 대학다운 기업이라 불리는 이유가 바로 거기에 있습니다. ② 만약 당장의 성과가 흡족하지 않더라도 낙심하지 마십시오. ③ <u>00은 눈에 보이는 결과만을 중시하지 않습니다.</u> ④ **왜냐하면** 도전의 가치와 그 가능성을 더욱 높게 평가하기 **때문입니다.** ⑤ 00과 함께 당신의 이상에 마음껏 부딪혀 보십시오

위 (5)에서 ④ 문장의 '왜냐하면'과 '때문입니다'의 관계는 그 문장 밖의 ③ 문장과 관련되어 그 호응 관계의 의미가 드러나게 된다. ④의 '왜냐하면'과 '때문입니다'의 호응 관계는, 그 '왜냐하면'이 속한 문장 안에서만은 의미 파악이 불충분하며, '왜냐하면'이 지시하는 의미 요소가, 관련 어구 밖의 범위에 반드시 있어야 완전히 파악된다. 이것은 다음 두 문장들의 비교에서도 쉽게 알 수 있다.

> (6) **마치** 그 여자는 유령 **같아.**

> (7) * **왜냐하면** 그 여자는 유령이기 **때문이다.**

위의 (6)은 [마치……같아]의 호응 관계를 가지는데, 이 언어 형식이 지시하는 의미는 그 문장 안에서 충분히 파악된다. 그러나 (7)의 [왜냐하면……때문이다]의 관계에서는 '왜냐하면'이 지시하는 어휘나 문장이 문장 밖에 반드시 있어야 이 호응 관계의 의미를 완전히 파악할 수 있

게 된다.

한편, 다음 (8)의 경우를 보자.

(8) ① 환경오염은 **점점** 더 심각해지고 있다.
    ② **그럴수록** 우리에게는 자연 보호에 대한 의식이 절실히 요구된다.

(8)의 ①에 있는 '점점'이라는 어휘는 호응 관계 구성 요소인 '그럴수록'을, 그 ① 문장 밖의 범위인 ②에서 취하고 있다. 이와 같은 [점점……그럴수록]의 관계는 한 문장 내에서가 아닌 문장 밖의 범위에서 서로 호응되는 형태들이다.

그 외에 호응 관계 형태의 변화형으로 다음과 같은 경우가 있다. 여기에는 문장 밖의 명사를 지시하는 대명사의 문제가 호응 관계의 구성 요소로 관여한다.

(9) ① 불량 주화를 사용하지 마십시오! ② 그 **이유**를 알고 싶습니까?
    ③ **그것은** 전화기 고장의 원인으로 국가 경제의
      불필요한 손실을 가져오기 **때문입니다**.

위 (9)에서 ③ 문장의 '그것은'이라는 지시 대명사는 ② 문장의 '이유'를 지시하며, 다시 그 지시 내용은 ① 문장이 된다. 따라서 ③ 문장의 [그것은……때문입니다]의 관계는 [그 이유는……때문입니다]의 호응 관계가 된다. 이러한 관계는 문장 밖의 범위에서 의미를 고려해야 호응 관계의 그 형태와 의미가 완전해진다. 다음 (10)도 동일하게 설명될 수 있다.

(10) ① 쓰레기 재활용에 앞장섭시다! ② 그 **목적은** 한 가지입니다.
     ③ **그것은** 인류가 처한 자원부족난에 대비하기 **위하여** 지금부터
       아껴 써야 하는 준비를 하는 것입니다.

위 (10)에서 ③ 문장의 진하게 표시된 부분은 결과적으로 [목적
은……하기 위하여]의 호응 관계이다. 이것은 ③의 '그것'이 ② 문장의
'목적'이라는 명사를 지시하는 대명사이기 때문에 갖게 되는 호응 관계
의 변화형이다.

위 (9)와 (10)을 통해 문장 내의 구성 성분들인 호응 관계 요소들이
지시 대명사나 대치된 명사형을 취함에 따라 문장 밖까지 관련되는 경
우를 살펴보았다.

요컨대 호응 관계는 '고정성의 정도'와 '작용 범위'에 따라 두 가지
유형으로 나뉜다. 호응 관계를 이루는 두 구성 요소들 간의 고정적 동
반성의 정도에 따라 '동반 필수 호응 관계'와 '동반 가능 호응 관계'로
분류되며, 호응 관계의 구성 요소들이 지시하는 내용이 작용하는 범위
와 관련하여 '기본 범위에서의 호응 관계'와 '확장 범위에서의 호응 관
계'로 분류된다. 이 유형 분류는 호응 관계의 구성 요소들 사이에 작용
하는 고정성이나 지시 관계와 같은 특징적인 성격에 따라 이루어졌다.

호응 관계의 문법적 제약 　VI

제 6 장

호응 관계의 문법적 제약

  언어 형식들이 결합하는 과정에서 구조적으로 적합하지 않은 변화가
일어났을 경우에는 언어 구조체로서의 기본적 틀을 벗어나게 된다. 호
응 관계는 특정한 언어 구성 요소들이 고정적으로 함께 등장하는 현상
이기 때문에, 함께 등장할 수 있는 요소가 한정적이며, 등장할 수 없는
요소들에 대한 형태적·의미적인 조건의 제한이 있다.

  이 장에서는 호응 관계가 적확하게 이루어지기 위해 요구되는 동반
의 제한 조건이나 규정을 호응 관계의 제약상으로 다룬다. 이러한 환경
을 명시화하면 다음과 같다.

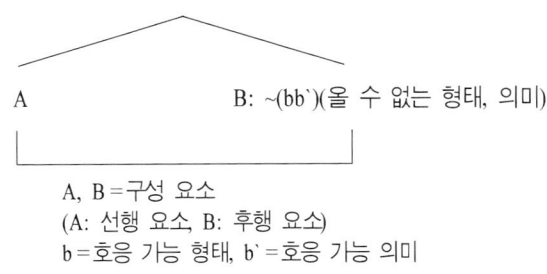

A   B: ~(bb`)(올 수 없는 형태, 의미)

A, B = 구성 요소
(A: 선행 요소, B: 후행 요소)
b = 호응 가능 형태, b` = 호응 가능 의미

[그림 16] 호응 관계의 제한 구조

  위 [그림 16]은 두 구성 요소들의 동반 관계로 이루어지는 호응 관
계가 일반 어휘들의 자유로운 결합 관계와는 달리, 특정 요소가 오지

못하게 되는 제한 조건을 가지는 구조를 보인다는 것을 말해 준다. 위에서 b와 b'는 선행 요소 A에 따라 오는 후행 요소 B에 해당하는데, ~(bb`)란 선행 요소 A와 동반하지 못하게 되는 요소를 의미한다.

이 장에서는 호응 관계의 구성 요소에 해당하는 몇 개의 어휘들을 예로 들어 호응 관계를 이룰 때 갖게 되는 특징적인 제약상을 어휘와 서법 중심으로 살펴보도록 하겠다[1].

1. 어휘 제약

가. 부정 극어류의 호응 관계 제약상

부정 극어(negative polarity item)란 주로 부정 요소하고만 함께 쓰여 부정의 정도를 강화하거나 극대화하는 부사어들을 가리킨다. 이런 특정한 부사어들은 부정 요소가 나타나지 않는 일반 문장에는 거의 쓰이지 않는다(서정수, 1996:556~557). 부정 서술어와 함께 동반되는 부정 극어와 관련되는 부사의 예로는 '결코, 별반, 별로, 여간, 다시는, 그리, 전혀, 좀처럼, 더이상, 고사하고, 아무도, 누구도, 아무것도, 조금도, 추호도, 털끝만큼도, 쥐뿔도' 등이 있다. 일반적으로 자주 사용되는 몇 어휘들을 중심으로 구체적인 제약상을 알아보기로 하자.

---

1) 여기에서는 호응 관계 구성 요소의 많은 비중을 차지하는 부사를 중심으로 형태적인 면과 의미적인 면의 제약상을 살펴보겠다.

① 별로

‘별로’는 부정 의미 이외의 어휘에는 일종의 제한을 가진다. 즉, 부정의 어휘와 함께 결합되는 제약상을 보이는 호응 관계 부사이다. ‘별로’라는 부사와 일반 부사를 비교해 봄으로써, 호응 관계 어휘 ‘별로’의 제약상을 알아보자.

(1) 오늘 저녁에 나온 반찬은 **별로** 맛은 **없어.**

‘별로’는 ‘별다르게, 특별히’라는 어휘와 그 의미 면에서 유사하다. 그렇게 볼 때 다음 (2)와 같은 문장은 위 (1)의 문장과 동일 의미의 문장으로 생각할 수 있다.

(2) 오늘 저녁에 나온 반찬은 **특별히** 맛은 없어.

그런데 ‘별로’와 유사한 의미를 가진 어휘 ‘특별히’는 ‘별로’가 갖게 되는 ‘부정’ 의미와만의 제약이 없다. 다음 (3ㄱ)~(3ㄹ) 문장을 보자.

(3ㄱ) 오늘 반찬은 **별로** 맛은 **없다.**
(3ㄴ) * 오늘 반찬은 **별로** 맛은 **있다.**

(3ㄷ) 오늘 반찬은 **특별히** 맛은 **없다.**
(3ㄹ) 오늘 반찬은 **특별히** 맛은 **있다.**

즉, ‘특별히’는 (3ㄷ)과 (3ㄹ)에서 보듯이 부정이나 긍정의 의미 모두와 호응 관계를 이룬다. 이것은 ‘별로’가 긍정과는 호응 관계를 이루지 못함을 보여 주는 (3ㄴ)의 경우와 비교해 볼 때, ‘특별히’는 ‘별로’와는 달리 함께 쓰일 수 있는 의미에 대하여 제한이 없음을 알 수 있다. 이것은 호응 관계 부사인 '별로'가 그와 유사한 의미를 가진 '특별히'와는 달리 결합의 제한을 갖는다는 것을 말해 준다. 이러한 관계에서 알수 있는 것은 '별로'라는 호응 관계 부사가 특정 제약 조건을 가짐으로써 다른 일반 부사와는 다르게 변별성을 갖고 있다는 것이다.

한편, 통시적 측면에서 이 어휘를 살펴보도록 하자. '별로'라는 어휘는 중세어에서 그 자체가 '매우'의 의미를 지니고 있는 어휘였다. 그러나 현대로 내려오면서 '부정'을 의미하는 어휘와만 결합하여 호응 관계를 이루게 되는 어휘로 변하게 되었다. 그렇게 되는 과정에서 '별로'라는 어휘는 그 자체만으로도 부정 의미를 갖는 양상을 띠기도 한다. 이러한 관계는 다음과 같이 형식화해 볼 수 있다.

    (4) 별 로 …… {긍정} =긍정의 의미
                     ↓↓
  (4ㄱ) 별 로 …… {부정} =부정의 의미
  (4ㄴ) 별 로 ……   0   =부정의 의미[2]

그리고 이 각각의 예는 다음과 같다.

  (4') 오늘은 **별로** 반찬이 **좋구나**.
  (4ㄱ') 오늘은 **별로** 반찬이 좋지 **않구나**.
  (4ㄴ') 오늘은 반찬이 **별로다**.

이러한 어휘의 호응 관계 문제에서는 이 어휘의 시대적 변화 양상을 함께 이해하는 통시적 관점도 필요하다.

이상으로 호응 관계 부사 '별로'에 대해서 '특별히'와 비교한 어휘적 제약상을 살펴보고, 통시적 측면에서 의미의 변화 양상을 알아보았다.

---

2) 이것은 명사로 사용될 경우에 국한된다.

② 여간

'여간'[3)이 '부정'의 의미와만 호응하는데, 그 호응하는 형태는 '아니다, 않다'가 되어야 하며 '못하다' 류와는 결합하지 못한다는 점을 '여간'이라는 어휘가 가진 호응 관계의 형태적 제약으로 들 수 있다.

(1ㄱ) 그 아이는 공부를 **여간** 잘하지 **않아**.
(1ㄴ) * 그 아이는 공부를 **여간** 잘하지 **못해**.

위 (1ㄴ)에서 '여간'은 부정과 호응하지만 '못하다' 류와는 결합상의 제한을 갖는다는 것을 볼 수 있다.

한편, '여간'과 동일 의미인 '보통으로'와 그 문장 내에서의 용법을 비교해 보자. 그럼으로써 '여간'이라는 어휘가 지니고 있는 호응 관계의 제약상을 알 수 있다.

(2ㄱ) 그 아이는 **여간** 똑똑한 게 **아냐**.
(2ㄴ) 그 아이는 **보통(으로)** 똑똑한 게 아냐.

위의 두 예문은 거의 동일한 명제를 지닌다. 그러나 '여간'은 '부정'과만 동반하는 반면, '보통으로'는 '긍정'과도 동반한다.

(3ㄱ) * 그 아이는 **여간** 똑똑해.
(3ㄴ) 그 아이는 **보통으로** 똑똑해.

즉, '여간'은 부정과만 호응하는 호응 관계의 부사이지만, '여간'과 동일 의미인 '보통으로'는 긍정·부정에 제한 없이 모두 결합이 가능하

---

3) '여간'의 사전적 의미는 '보통으로. 어지간히'이다. 그리고 이 부사는 '부정'의 의미하고만 어울림과 동시에 그 전체적 의미는 강한 긍정 표현 효과를 낸다.

다. 이러한 점을 볼 때 '여간'이 일반 부사와는 다른 어휘 제약상을 갖고 있다는 것을 알 수 있다.

한편, [여간……{부정}]의 관계에서는 다음의 사항에 주의해야 한다. 다음의 (4)가 호응 관계 구문이지만 지역에 따라 (5)와 같이 [여간……{긍정}]을 인정하는 언어권도 있다4).

(4) 우리의 목표 달성은 **여간** 어려운 게 **아니었다**.
(5) 박 이장네 막내아들은 **여간 똑똑하지**.

언어 구조의 제약상에서 볼 때 위 (5)와 같은 표현은 부적격의 호응 관계 구문이지만, 언어 사용의 관습상에서 파악할 때는 일부 방언권에서 규정적으로 허용되는 구문이다.

한편, 다음 예문을 보자.

(6) * 그 아이는 공부를 **여간** 잘하지 **말아라**.
(7ㄱ) * 그 아이는 공부를 **여간** 잘하지 **못 하는구나**.
(7ㄴ) * 그 아이는 공부를 **여간** 잘하지 **못한다**.

위 (6), (7)을 보면 '여간'은 같은 부정형이라 하더라도 '않다' 류가 아닌 '말다'나 '못하다'와 같은 어휘는 취하지 못한다. 이 또한 어휘적 결합 제한의 문제이다.

이상에서 '보통으로'와 비교한 호응 관계 부사 '여간'의 부정 의미 어휘적 제약상을 살펴보았고, 언어 사용 관습의 문제로 일부 방언권에서는 허용되는 긍정 의미와의 결합에 대해서 짚어 보았다. 그리고 '말다', '못하다' 류와 호응하지 못하고 '않다' 류만을 용언으로 취할 수 있는 '여간'의 형태적 제약상을 알아보았다.

---

4) 이러한 형태는 충청·전라권 지역에서 부분적으로 허용된다.

③ '도' 첨가 부사류

'부정' 의미만을 동반하는 호응 관계 어휘로서 다음과 같은 부사들이
있다.

> 아무도, 누구도, 아무것도, 조금도, 추호도, 털끝만큼도, 쥐뿔도 ······{부정}

위의 부사들은 다음과 같이 분석될 수 있는 어휘적 특징을 지니고
있다.

아 무 도	→	아 무	+ 도
누 구 도	→	누 구	+ 도
아 무 것 도	→	아 무 것	+ 도
조 금 도	→	조 금	+ 도
추 호 도	→	추 호	+ 도
털끝만큼도	→	털끝만큼	+ 도
쥐 뿔 도	→	쥐 뿔	+ 도

위에서 보이는 보조사 '도'는 강조의 의미를 지니며, 이렇게 '도'가
첨가된 위의 부사들은 '부정'과만 호응 관계를 이루게 된다. 이러한 점
에 대해서는 다음과 같이 '도' 첨가 부사가 아닌 경우와 비교해 보면 그
의미적 특성을 쉽게 알 수 있다.

(1ㄱ) 개나 소나 **아무나 하는군**.
(1ㄴ) **아무도 못하는** 일이다.

(2ㄱ) **누구** 이리로 빨리 **와라**.
(2ㄴ) **누구도** 거기 가면 **안** 된다.

(3ㄱ) **아무것**이나 내게 빨리 **줘.**
(3ㄴ) **아무것도** 나한테는 **없다.**

(4ㄱ) **조금** 더 가까이 **와서** 이것을 가져가라.
(4ㄴ) **조금도** 가까이 갈 수가 **없다.**

(5ㄱ) **추호**의 거짓 정도면 **봐주겠다.**
(5ㄴ) **추호도** 거짓을 말하면 **안 된다.**

(6ㄱ) **털끝만큼** 적은 분량**이지만** 고맙게 받을게.
(6ㄴ) **털끝만큼도** 그 물건에 손대면 안 돼.

(7ㄱ) 저 사람은 **쥐뿔 났구먼.**
(7ㄴ) 저 사람은 **쥐뿔도 없으면서** 나선다.

즉, '도' 첨가 부사류들은 부정 의미의 어휘와만 호응하는 호응 관계 제약 부사이다. 위의 어휘 중에서 다음의 예를 구체적으로 살펴보자.

(8ㄱ) 그 일은 **아무나** 못 한다.
(8ㄴ) 그 일은 **아무나** 한다.

(9ㄱ) 그 일은 **아무도** 못 **한다.**
(9ㄴ) * 그 일은 **아무도** **한다.**

위 (8), (9)를 통해 알 수 있듯이, '아무나'가 부정의 의미와 긍정의 의미 모두를 취할 수 있는 반면에, '아무도'는 부정의 의미와만 결합하는 제약상을 갖는다. 이처럼 '도'첨가 부사류들은 모두 부정의 의미와만 호응 관계를 이루게 된다.

한편, '아직도'라는 어휘를 살펴보자. '아직도' 또한 '아직＋도'로 분석될 수 있는 '도' 첨가 부사류이다.

(10ㄱ) **아직도** 다 **못했니?**
(10ㄴ) **아직도** 시험이 **안 끝났니?**

(11) * 아직도 했니?

(10ㄱ)과 (10ㄴ)을 보면 '아직도'와 '부정'과의 호응 관계가 보인다. 이것은 (11)에서와 같이 '아직도'가 '긍정'과 결합할 때 부적절한 문이 되는 것으로 보아 '부정'과의 호응 관계를 확인할 수 있다.

그러나 이에 대해서 좀더 살펴보면, 이것은 '아직도'와 '부정'의 호응 관계가 아니라 '아직도'와 '시간성'의 관계로 설명된다. 이 '아직도'의 경우는 부정과 호응하는 호응 관계 부사가 아니라 시간성에 따른 제약 부사이기 때문에 위의 '도'첨가 호응 부사류들과는 다르게 처리되어야 한다.

이와 관련하여 다음을 보자.

(12ㄱ) *아직도 했니?
(12ㄴ) 아직도 하니?
(12ㄷ) 아직도 하고 있니?

위 (12ㄱ)에서 '아직도'는 과거 긍정형 '했니'와 함께 실현되지 못하는 의미적 제한을 갖고 있는 것이며, 따라서 (12ㄴ)이나 (12ㄷ)처럼 '과거'가 아닌 현재나 현재 진행형일 경우에는 적격문이 된다. 이 경우 '부정'의 호응 관계와는 관련 없는 적격문이다. 즉, '아직도'라는 부사가 제한을 갖는 것은 '과거'에 대한 것임을 알 수 있고, '부정'과의 호응 관계 제약을 갖는 '조금도' 류와는 다른 일반 부사라는 것을 알 수 있다.

부사 '아직도'가 '부정'의 호응 관계 어휘와는 관련이 없다는 것을, '아직' 어휘와 비교함으로써 살펴보자. '아직'과 '아직도'의 관계는 위의 '도'첨가 부사들의 예인 '조금'과 '조금도'의 관계와는 달리 부정 이외의 의미에 대한 제한이 없다. 즉, 다음의 (13)과 (14)는 모두 문법적인 문장이다.

    (13ㄱ) 아직 공부하니?
    (13ㄴ) 아직 못했니?

    (14ㄱ) 아직도 공부하니?
    (14ㄴ) 아직도 못했니?

위 (13), (14)에서 보듯이 '아직'과 '아직도'는 긍정·부정에 상관없이 적격문을 이룬다.

이상에서 살펴본 바와 같이 '아직도'는 '미처 다하지 못함'이라는 의미 속에 내포된 부정성으로 인해 뒤에 동반되는 의미도 부정이 될 경우가 많은 것은 사실이지만, 이 '아직' 류의 부사는 '부정성'을 지닌 형태만을 요구하는 호응 관계 부사는 아니다. 이것은 시간성에 따른 제약으로 보아야 한다. 따라서 '아직도'는 부정의 호응 관계 부사가 아니다.

④ 밖에

'밖에'는 '그것말고는', '그것 이외에는'의 뜻을 나타내는 조사로서, 그 뒤에는 반드시 부정이 따른다(금성판 국어사전, 1995). 즉, '밖에'는 다음과 같은 용법으로 사용되는 호응 관계 어휘이다.

    (1) 남은 게 이것**밖에 없는**데.
    (2) 너**밖에** 그것을 할 수 **없다.**

이때 조사 '밖에'는 '부정'의 의미를 가지는 '없다, 아니다' 등의 형태와 호응 관계를 이루는데, 이외에 '모르다'와 같은 의미적 부정형도 '밖에'의 호응 관계 구성 요소가 될 수 있다.

(3) 이 사실은 너**밖에 모르는** 거니까 소문나면 너 책임이야.
(4) 이 사실은 너만 아는 거니까 소문나면 너 책임이야.

위 (3)에서 보면, '밖에'가 형태적으로 '없다, 아니다'가 아니더라도 의미적으로 '부정'인 '모르다'와 결합해 호응 관계를 이룬다. 예문 (3)은 (4)와 동일한 의미를 갖는데, 이때 (4)에서 보이는 조사 '만'은 호응할 수 있는 요소들에 대한 의미 제약이 없다. 즉, 조사 '만'은 위의 (4)나 아래의 (5)와 같이 '부정'이나 '긍정' 모두와 함께 쓰일 수 있는 일반 조사이다.

(5) 이 사실은 너만 <u>모르는</u> 거니까 알려 줄게.

그러나 '밖에'는 다음 (6ㄱ)과 같이 '긍정'의 형태와는 쓰일 수가 없고, (6ㄴ)과 같이 '부정'의 형태를 요구한다.

(6ㄱ) * 이 사실은 너**밖에 아는** 거니까 소문나면 너 책임이야.

(6ㄴ) 이 사실은 너**밖에** 알지 **못하는** 거니까 소문나면 너 책임이야.

다음의 다른 조사들과 비교해 보면 '밖에'가 가지고 있는 부정의 제약을 확인할 수 있다. 예를 들어 '까지 모두'의 뜻을 나타내는 보조사인 '마저'나, '도, 역시'의 뜻으로 윗말을 강조할 때에 쓰이는 보조사인 '조차'의 경우, 형태적으로는 특별히 부정형이나 긍정형에 제한이 없다.

(7ㄱ) 너<u>마저</u> 이 일을 <u>못한다면</u> 나는 희망이 없다.

(7ㄴ) 너<u>마저</u> 그를 <u>찾다니</u>

(8ㄱ) 그 사람은 제 이름<u>조차</u> 쓰지 <u>못한다.</u>

(8ㄴ) 그 사람<u>조차</u> 그곳에 <u>갔다면</u> 모두 간 것이다.

즉, 위의 (7), (8)과 같이 '마저', '조차'는 긍정, 부정 모두와 함께 쓰이는 일반 조사이다. 그러나 조사 '밖에'는 부정의 의미와만 결합될 수 있는 호응 관계 조사로서, 위의 조사들과는 달리 특정한 제약상을 가지고 있다.

나. 화식 부사류5)의 호응 관계 제약상

① 가정: '만약, 만일' 류

이 부사들은 동반의 요소로 '가상, 가정, 미지의 사실' 등에 대한 의미만을 요구한다. '만일' 다음에는 '가정'의 의미가 와야 한다는 것이 [만일……{가정}]의 호응 관계이다. 그 가정의 의미를 도와주는 형태는 '-라면, -거든, -이면' 등이다. 그런데 이 호응 관계는 동반의 어미로 모두 연결 어미만을 취한다는 형태적 제약을 갖는다. 이 '만약, 만일, 가령' 등의 부사와 동반되는 어미는 다음과 같은 형태들로 제한된다.

[만약, 만일, 가령: -(으)면, -는/ㄴ다면, -(이)라면, -었더라면,
                  -었던들, -거든, -(이)면, -(어)야

---

5) 화식 부사는 화자의 발화 태도를 나타내는 부사이며, 결합하는 언어 요소로서 특정한 형태를 요구한다.

다음의 예문을 살펴보자.

(1) ① 내가 **만일 외로워하면**, ② 그는 내게 커피를 한잔하자고 할 것이다.

위 (1)의 ①은 '불확실한 가정'의 의미를 지닌 절이다. '만일'이라는 형태는 가정의 의미를 지시하고 그 동반 어미형 '(으)면' 또한 가정의 의미를 지시한다. 이렇게 볼 때 (1)의 ①은 전체적으로 가정의 의미를 내포하며, 형태적으로는 [만일……-(으)면]의 관습화된 동반성이 두드러지게 된다. 이와 같이 '만일'에 이끌리는 어미 요소는 제한적으로 존재한다6).

한편, 가정성의 의미를 지닌 연결 어미 '-(으)면, -(는)다면, -라면, -거든' 등은 화자나 청자의 의지가 영향력을 행할 수 없는 조건을 가진 절에서 쓰일 수 있다. 즉, 조건의 사실성 여부가 고정되어 있지 않은 의미 내용에 사용될 수 있다.

(2) ① **(만일) 한국이 월드컵에서 4강에 든다면**
    ② 저희 00 회사에서는 전 품목을 50% 할인하겠습니다.

위 (2)의 ①이 가진 '(만일) 한국이 월드컵에서 4강에 드는 것'이라는 명제는 화자나 청자의 의지가 영향력을 행할 수 없는 개방 조건의 의미를 지니고 있다. 이러한 의미를 나타내도록 도와주는 언어 형식은

---

6) [만일……-(으)면]의 관계에서 연결 어미 '-(으)면'을 중심으로 본다면, 이 의미에 보충적으로 관계하는 요소가 부사 '만일'이다. 이러한 관점에서 볼 때 부사는 잉여적인 기능을 한다고 말할 수 있다. 그렇다면 이 이하의 내용에서 다루는 '비록'과 '아무리'와 같은 부사들도 같은 관점에서 설명이 가능하다. '비록'과 '아무리'는 양보문에만 나타날 수 있는 표지 기능을 한다. 이 형태적 표지들은 임의적인 것이지만 문면에 나타나면 그 절은 일반적으로 양보 형태의 어미와 결합하게 된다. 그러나 양보 형태 어미가 쓰이면 '비록'과 같은 형태는 필수적이 아니라 수의적인 것이기 때문에 이 표지는 잉여적이고 강조적인 효과를 나타내는 것이라고 볼 수 있다.

'만일'과 '-으면'이다.

반면, 이러한 연결 어미들과 비교하여 다음을 보자.

(3) 그가 **실로** 나를 사랑할**진대** 말도 없이 떠날 리가 없다.

(4) ?**만일** 그가 나를 사랑할**진대** 말도 없이 떠날 리가 없다.

위 (3)에서 보듯이 '-ㄹ진대'는 조건절의 사실성 여부가 확정되어 있는 폐쇄 조건일 때 쓰이는 언어 형식이다. 이것은 사실성 의미의 'ㄹ진대'와 가정성 의미의 '만일'이 함께 쓰이지 못하고 있는 (4)를 보면 그 호응의 관계를 확인할 수 있다.

따라서 이들의 호응 관계는 다음과 같이 정리될 수 있다.

 • [만일 ······ 으면, (는)다면, 라면, 거든]의 호응 관계
   └─────────────┘
 '가상성, 가정성, 사실의 비고정성' 의미

 • [실로 ······ ㄹ진대]의 호응 관계
   └─────────┘
 '사실의 확정성' 의미

요컨대 '가정'의 의미를 지닌 '만일' 류의 화식 부사는 역시 '가정'의 의미를 지닌 '-(으)면' 류와만 결합하는 호응 관계 제약상을 갖는다.

② 양보: '비록, 아무리' 류

'비록', '아무리' 등의 부사는 앞에서 살펴본 '만일' 류와 마찬가지로

연결 어미만을 후행 요소로 취할 수 있고 종결 어미는 취할 수가 없다. 그리고 이 부사 뒤에는 '양보'의 의미만이 올 수 있고 다른 의미는 올 수 없다는 의미적 제약을 갖는다. 즉, 국어의 '비록, 아무리, 설사' 등의 부사는 양보성을 지시하는 형태이고, 이 부사와 호응 관계를 이루는 어미의 형태는 다음과 같다.

- [비록, 아무리, 설사: -(어/아)도, -더라도, -ㄹ망정, -ㄹ지언정, -ㄹ지라도, -ㄴ들, -었자, -기로서니]

위의 부사 '비록, 아무리, 설사' 등은 양보문을 이끄는데, 이들 부사로 이끌리는 양보 의미를 가진 선행절과 그 후행절의 주장은 어떤 의미로든 일종의 대조 관계를 보인다. 이 대조 관계란 일반 예상과 다른 현상으로 파악된다는 의미의 대조성·상반성을 뜻한다.

(1) ① 내가 힘들다. ② 이 일만은 꼭 해낸다.

(1ㄱ) ① **아무리** 내가 **힘들지라도** ② 이 일만은 꼭 해낸다.
(1ㄴ) ① **비록** 내가 **힘들지만** ② 이 일만은 꼭 해낸다.

즉, 위 (1)의 ①과 ②절은 (1ㄱ)이나 (1ㄴ)과 같이 양보문이나 대조문으로서 상반성의 관계로 파악되는 의미 내용들이며, 여기에 [아무리……지라도] 형태 관계와 [비록……지만]의 형태 관계가 함께 등장하여 전체 문장의 양보절과 대조절에 유표적 표지로서 기능한다.

이상으로 호응 관계를 이루는 구성 요소들의 어휘적 제약상을 일반 어휘들과 비교하여 부정 극어와 화식 부사 중심으로 살펴보았다. 호응 관계 어휘들은 특정 의미나 형태 이외의 요소와 함께 결합할 때 문법적인 제한을 보인다.

2. 서법 제약

　호응 관계의 구성 요소는 대부분 부사어나, 부사어와 관련되는 서술어 등이다. 따라서 여기에서 호응 관계의 주된 대상 어휘가 되는 부사어들의 특징을 살펴보도록 하겠다. 부사어7)는 구문론적 관점에 따라 '자유 부사어(free adverbials)'와 '제약 부사어(bound adverbials)'로 분류된다. 이것은 문장 구조에서 드러나는 기능과 제약 조건을 기준으로 한 것이다. 자유 부사어는 용언의 종류에 관계없이 두루 어울리는 것으로서 '대개, 무릇, 늘, 모두, 다' 등이 이에 해당하고, 제약 부사어는 용언의 종류에 따라 어울림이 제약되는 것으로서 '잘, 빨리, 매우' 등이 해당한다(서정수, 1996:427). 이러한 부사어들의 일반적인 기능은 문장의 중심 역할을 하는 서술어를 수식 한정하는 것이다. 따라서 부사어의 의미 특성과 용언과의 문법적 관계는 밀접한 구조적 관련을 맺고 있다.

　한편, 용언은 서술부를 구성하고, 서술부에 해당하는 종결 어미는 문장 유형을 결정한다. 문장을 범위로 하여 용언과 부사어와의 관계를 살펴볼 때, 의미와 형태의 구조적 문제는 결국 서법(mood)8)과 관련된

---

7) 부사는 일반적으로 체언 이외의 여러 문장 성분을 수식하는 낱말을 말하고, 부사어는 이러한 부사나 그와 같은 수식 기능을 하는 낱말이나 구 또는 절을 통칭한다. 부사어가 문장에서 하는 기능은 주어나 서술어의 그것에 비해 볼 때, 수의적인 성분이라고 일컫는다. 그러나 문장에서 부사어가 수의적인 기능을 하는 것만이 아니라 어떤 경우에는 주어, 서술어보다 더 의미적으로 중요한 구성 성분이 될 수도 있다.

　　(식당에서 점원이)
　(1) 이 고기를 어떻게 익혀 드릴까요?
　(2) 완전히 익혀 주세요.

　이러한 문맥에서는 (1)의 '우리가-익혀 드리다'와 (2)의 '익혀 주세요.'라는 '주체-서술'의 관계는 그다지 중요한 의미 정보를 전달하지 않는다. 오히려 '어떻게-익혀 드리다'라는 '수식-서술'의 관계와 '완전히'라는 부사어가 지닌 의미 기능이 이 담화에서는 가장 중요하고 필수적이라고 볼 수 있다.

다. 서법이라는 문법 범주는 용언의 굴절 형태나 어미 또는 어말 어미 형태 등으로써 그 의미를 나타내게 된다9). 따라서 동일한 명제를 지니고 있더라도 표현형은 다양하게 실현된다10). 서법의 종류는 개별 언어마다 다양하나 국어의 경우는 평서문, 의문문, 청유문, 명령문, 감탄문 등으로 구분된다.

그리고 서법성(modality)은 서술 내용에 관한 발신자의 심적 태도를 문법적 수단에 의해 표현하는 것인데, 여기에서 심적 태도란 발신자가 서술 내용에 어느 정도의 가능성, 개연성, 확실성, 필연성을 인정하여 서술을 표현하느냐를 정하는 기준이다(영어학사전, 1990:737)11). 이러한 서법성은 문장의 경우 형태적으로 모두 표현형으로 드러나지만, 명제 분석으로는 '능력, 가능성, 의심' 등의 의미 단위에서 포괄된다12).

---

8) 서법(mood)은 문법에서 일반적으로 말하는 사람이 자신의 진술 내용에 대해 취하는 심적 태도의 차이를 동사의 일정한 형태로 나타내는 수단으로 정의된다.

9) 김기혁(국어 문법 연구, 1995: 27)에 따르면, 국어의 어미들은 전통적으로 서술어의 어간과 상대되어 서술어의 일부로 인식되어 왔다. 이것은 어미에 대한 형태론적 인식이라 할 수 있다. 그러나 어미는 단순히 서술어와만 관련되는 것이 아니라, 문장의 서법을 결정하거나, 문장의 때나, 높임을 결정짓는 요소라는 점에서 문장이라는 전체 명제에 대한 상대 개념으로 인식되기도 한다. 이러한 어미에 대한 인식 방법을 통사·의미론적 인식이라 할 수 있다.

10) 언어 사용자의 심적 내용에 해당하는 의미가 실체적으로 표현화되는 과정은 다음의 관점에서 설명될 수 있다. 언어 생산자는 어떤 발화를 표현하기에 앞서 머릿속 과정에서 표현하고자 하는 내용을 배열하고 다음에 실체로서 표현하게 된다. 이때 실체화되기 전의 표현 내용 구조를 개념 구조(conception system)라 할 수 있고, 이것이 각기 다른 표현 의도에 따라 다양하게 나타나는 산출 과정을 표현 구조(expression system)라 할 수 있다. 즉, 초개인적 어휘 a와 b, 또는 그것의 결합인 c라는 개념이 있고, 이것이 a와 b의 합에 의한 c의 표현이 될 수도 있으며, b의 표현을 위해 c와 a의 관계를 조직할 수도 있는 것이고, c와 b의 관계에 의해 a를 표현할 수도 있는 것이다. 즉 개념 c가 있고 이것의 표현 구조는 $a+b=c$, $c-a=b$, $c-b=a$ 등으로 다양하게 나타날 수 있다. 여기서 모든 발화는 그대로 표현이다(김종택, 1992: 221-234). 이렇듯 언어 사용자의 표현 내용은 언어 사용자 자신의 선택의 문제이며, 표현형은 언어 사용자의 의도에 따라 다양하게 형태화된다.

11) 예를 들어 국어에서는 능력, 가능성, 의심, 의무, 소망 등의 의미를 더해 주는 의미가 '-일 것이다, -임이 틀림없다, -이곤 하다, -이고 싶다, -일까 두렵다, -이어야 한다' 등과 같은 언어 형태로 나타나게 된다.

국어 어휘들 중에는 문법적 조건에 따라 특정 용언의 문법적 형태를 취하지 못하는 경우가 있다. 예를 들어 '매우'와 '아주'라는 정도 부사는 용언의 명령형과 청유형과는 함께 실현되지 못하고 그 이외의 문장 어미와만 함께 실현된다. 즉, 다음과 같은 구조적 제한을 갖는다.

(1) ? 매우 잘 뛰어라.
(2) ? 아주 잘 뛰자.

[* 매우, 아주……명령형, 청유형] → 동반성 상실(서법 제한)

호응 관계 어휘들은 그 현상이 지니고 있는 제약적 특성으로 인해 이러한 서법 제한이 더 빈번하다고 볼 수 있다. 다음에서는 일부 호응 관계 부사를 중심으로 용언과의 관계에서 보이는 제약상을 구체적으로 살펴보겠다.

① 별로

호응 관계 부사들의 어휘 제약에서도 살펴보았듯이, '별로'라는 부정 극어 부사가 있는 문장은 '특별히'라는 어휘로 대치하여도 그 의미가 유사하다. 즉, 다음의 두 문장은 의미 면에서 큰 차이가 없는 문장이며, 이 문장의 차이로는 '별로'와 '특별히'라는 어휘 대치만을 들 수 있을 뿐이다.

---

12) 서법과 서법성은 개념적으로 많은 논의가 있어 왔던 용어이다. 그동안 국어 선어말 어미에 의해 표현되는 화자의 태도와 종결 어미에 의한 화자의 태도는 모두 서법의 범주에 포괄되어 왔다. 그러나 장경희(1986)는 이 개념과 용어상의 모호성을 지적하고, '겠, 더, -네, -구나, -지, -ㄴ, -ㄹ'을 서법과 구분하여 양태의 범주로 따로 설정하고 있다. 그러나 본고는 호응 관계의 구성 요소로서의 어미를 포괄적으로 다루는 것이므로, 서법성과 관련되는 내용도 서술부의 어미류와 함께 서법 문제에서 함께 다루도록 하겠다. 따라서 서법과 서법성에 대한 범주의 명칭이나 분류의 내용은 특별히 지적하지 않는다.

(1ㄱ) 오늘은 날씨가 **별로** 좋지는 **않다**.
(1ㄴ) 오늘은 날씨가 <u>특별히</u> 좋지는 <u>않다.</u>

그러나 '별로'를 의미적으로 유사한 어휘 '특별히'로 대치했을 때는 '별로'가 보여 주는 서법에 제약이 없다. 다음 (2)와 (3)의 예들을 비교해 보자.

(2ㄱ) * 오늘 반찬은 **별로** 맛이 **없어라**.
(2ㄴ) * 오늘 반찬은 **별로** 맛이 **없자**.

(3ㄱ) 이번 일은 <u>특별히</u> 신경을 <u>써라.</u>
(3ㄴ) 이번 일은 <u>특별히</u> 신경을 <u>쓰자.</u>

위 (2ㄱ)과 (2ㄴ)에서는 '별로'가 각각 '없어라'나 '없자'와 같은 명령문, 청유문과 함께 쓰여 두 문장이 모두 비문이 되었다. 그러나 (3ㄱ)과 (3ㄴ)에서 보듯이 '별로'와 유사한 의미인 '특별히'가 쓰인 문장은 아무런 서법의 제한이 없다. 즉, '별로'는 부정의 의미만을, 종결 어미로 명령형과 청유형 이외의 형태만을 요구하는 서법 제약상을 보인다.

② **여간**

'여간'은 부정의 의미와만 호응하며, 이 어휘가 쓰이는 문장 형식에는 한정적인 형태만이 오는 서법 제약이 있다.

(1ㄱ) 그 아이는 공부를 **여간** 잘하지 **않는다**.
(1ㄴ) 그 아이는 공부를 **여간** 잘하지 **않지?**
(1ㄷ) 그 아이는 공부를 **여간** 잘하지 **않는구나**.
(1ㄹ) * 그 아이는 공부를 **여간** 잘하지 **않자**.

(1ㅁ) * 그 아이는 공부를 **여간** 잘하지 **않아라.**

위 (1ㄱ), (1ㄴ), (1ㄷ)을 보면, '여간'이 각각 '않는다'와 같은 평서형 종결 어미, '않지'와 같은 의문형 종결 어미, '않는구나'와 같은 감탄형 종결 어미를 호응 관계의 구성 요소로 취하고 있다. 그러나 (1ㄹ), (1ㅁ)에서 보듯이 '않자'와 같은 청유형 종결 어미와 '않아라'와 같은 명령형 종결 어미는 '여간'과 함께 쓰일 수 없다.

이와 같이 '여간'은 평서문, 의문문, 감탄문에는 제한을 가지지 않으나, 청유문이나 명령문에는 제한을 갖고 있다.

③ 조금도

'조금도'는 '조금'에 '도'가 첨가된 '도'첨가 부사류로서, 부정과만 호응하며 다음과 같은 서법의 제한을 가진다. 이 어휘의 서법 제약상을 알아보기 위해 '조금도'와 형태적·의미적으로 유사한 어휘인 '조금', '좀'과 비교해 살펴보도록 하자.

(1ㄱ) **좀**더 가까이 **가자.** (가라, 갈까?, 갈 수 있다 등)
(1ㄴ) **조금** 더 가까이 **가자.** (가라, 갈까?, 갈 수 있다 등)

(2ㄱ) * **조금도** 가까이 갈 수가 **없자.**
(2ㄴ) * **조금도** 가까이 갈 수가 **없어라.**

즉, 위에서 보듯이 (1ㄱ)과 (1ㄴ)의 '조금'이나 '좀'은 결합될 수 있는 종결 어미 형태에 제한이 없다. 그러나 이 형태에 '도'가 첨가된 (2)의 '조금도' 부사는 '부정'과만 호응하게 되며 이에 따라 청유문과 명령문의 서법 제한을 갖게 되는 제약 부사이다.

④ 오직

'오직'은 '유일'의 의미를 지니며, 또한 그와 같은 의미를 지닌 형태와 호응 관계를 이룬다.

(1ㄱ) **오직** 공부**뿐**이다.
(1ㄴ) **오직** 너**만**을 사랑한다.

그런데 [오직……뿐]의 호응 관계는 '뿐'에 이끌리는 '이다'로 인해 구조적으로 서법 제약을 갖게 된다.

(2ㄱ) * 오직 공부뿐이어라.
(2ㄴ) * 오직 공부뿐이자.

즉, '뿐'에 결합되는 '이다' 때문에 [오직……뿐]의 관계는 이에 따라 명령문, 청유문 제한을 갖게 된다. 따라서 엄밀히 말하면 이 관계는 [오직……뿐이다]의 호응 관계로 파악해야 할 구조이다.

(3) **오직** 공부**밖에** 모른다.

'오직'과 호응하는 조사 '밖에' 역시 [오직……뿐]과 같은 관계이다. 이 관계에서도 명령형과 청유형에 제한을 갖는다.

(3ㄱ) * 오직 공부밖에 몰라라.
(3ㄴ) * 오직 공부밖에 모르자.

이렇게 볼 때 [오직……뿐/밖에/따름]의 호응 관계는 명령문, 청유문 등의 서법 제한을 갖는다고 할 수 있다.

⑤ 추측: 아마, 어쩌면

'추측'의 의미와 호응하는 '아마, 어쩌면' 등의 부사류 또한 다음과 같은 서법 제약을 갖고 있다.

(1) **아마** 너는 시험에 **합격할 것이다.**

(1ㄱ) * 아마 너는 시험에 합격해라.
(1ㄴ) * 아마 시험에 합격하자.

(2) **어쩌면** 네가 이번에 그 일에 **발탁될 거야.**

(2ㄱ) * 어쩌면 네가 이번에 그 일에 발탁되어라.
(2ㄴ) * 어쩌면 이번에 그 일에 발탁되자.

위와 같이 '아마, 어쩌면' 등의 추측 의미 호응 관계 부사들 또한 명령형과 청유형에 대해 서법의 제한을 가진다.

⑥ 의지: 기어이, 기필코

'의지' 의미와 호응하는 부사 '기어이, 기필코'를 살펴보자. '기어이'는 '꼭, 반드시'라는 의미를 지니고 있으며 명령문, 청유문에 대한 서법 제한을 갖는다.

(1ㄱ) * 기어이 성공해라.
(1ㄴ) * 기어이 성공하자.

이에 대해 '어김없이, 꼭, 반드시'의 의미를 가지고 있으며, '기어이'

와 유사한 '기필코'를 살펴보자.

(2ㄱ) **기어이** 이번엔 성공**할 거다.**
(2ㄴ) **기필코** 이번엔 성공**할 거다.**

(3ㄱ) **기어이** 해내**고야 말았구나.**
(3ㄴ) **기필코** 해내**고야 말았구나.**

위 (2)와 (3)을 보면 '기어이'와 '기필코'는 거의 유사한 의미 용법을 지니고 있음을 알 수 있다. 그러나 '기어이'와는 달리 '기필코'는 명령형, 청유형에 제한을 갖지 않는다. 다음과 같이 '기필코'는 명령형과 청유형을 취할 수 있다.

(4ㄱ) 기필코 성공해라.
(4ㄴ) 기필코 성공하자.

위에서 보듯 의미적으로 유사한 어휘 '기어이'와 '기필코'는, '기어이'가 명령문, 청유문에 서법 제한을 가지고 있고, '기필코'는 서법의 제한이 없다는 차이를 가진다.

⑦ 당위: 모름지기

'모름지기'는 형태적으로 명령형, 청유형, 의문형, 감탄형을 취할 수 없다. 그리고 의미적으로 '당위, 필연' 등의 의미를 가진 형태만이 올 수 있다.

(1) **모름지기** 사람은 착한 마음으로 이 세상을 살아가**야 한다.**

(1ㄱ) * 모름지기 사람은 정직하자.

(1ㄴ) * 모름지기 학생은 공부를 열심히 해라.
(1ㄷ) * 모름지기 힘없는 사람을 도와주니?
(1ㄹ) * 모름지기 사람은 선하게 사는구나.

위와 같이 '모름지기'라는 '당위' 의미의 호응 부사는 평서형과만 호응 관계를 이루는 서법의 제약을 갖는다.

위에서 살펴본 호응 관계 부사류들에 대해서는 다음과 같은 결론을 내릴 수가 있다. 다른 일반 부사에 비하여 볼 때 제한적인 의미와만 결합하게 되는 호응 관계 부사들은 그 의미적 제한성이라는 특성 때문에 형태적으로도 제한을 갖는다.

이상의 내용들을 호응 관계 부사별로 정리해 보자.
명령문이나 청유문에 제한을 가지는 호응 관계 부사류는 다음과 같다.

〈표 4〉 호응 관계의 명령형·청유형 제한

제 한 어미형	호 응 의 미	호 응 관 계 형 태
명령형 청유형	부 정	[커녕……없다, 아니다, 못하다] [밖에……없다, 아니다, 못하다] [결코, 별반, 별로, 여간, 다시는, 절대로, 단연코, 그리, 전혀, 좀처럼, 더이상, 고사하고, 과히, 도무지, 도시, 도저히, 통, 만부득이, 전연, 좀체, 차마, 일절, 이루, 그다지, 아무도, 누구도, 아무것도, 조금도, 추호도, 털끝만큼도, 쥐뿔도……없다, 아니다, 못하다]
	유 일	[오직, 오로지……뿐 / 따름 / 밖에 / 만] [다만, 단지……뿐 / 따름]
	추 측	[어쩌면, 아마……ㄹ지도, 일 것이다, ㄹ걸]
	의 지	[기어이……ㄴ다, 어야 한다, 이다, 겠다]

다음에 제시된 당위성 호응 관계에서는 의문형, 청유형, 감탄형, 명령형이 올 수 없다.

〈표 5〉 호응 관계의 의문형, 청유형, 감탄형, 명령형 제한

제한 어미형	호응 의미	호 응 관 계 형 태
의 문 형 청 유 형 감 탄 형 명 령 형	당 위 필 연	[모름지기······ㄴ다, 어야 한다, 이다, ㄹ뿐이다]

다음의 부사는 호응 관계에서 평서형과 의문형을 취할 수 없다.

〈표 6〉 호응 관계의 평서형, 의문형 제한

제한 어미형	호응 의미	호 응 관 계 형 태
평 서 형 의 문 형	명 령 요 청 제 안	[제발······어요, 해요, 세요]

다음 부사에는 평서형과 명령형, 청유형과 감탄형이 올 수 없다.

〈표 7〉 호응 관계의 평서형, 명령형, 청유형, 감탄형 제한

제한 어미형	호응 의미	호 응 관 계 형 태
평 서 형 명 령 형 청 유 형 감 탄 형	추 측 물 음	[혹시······습니까, 오리까, 아요 / 어요, 으오 / 소, 지요, 는가 / 는고, 을까, ㄹ쏜가, 나, 느냐 / 냐, 느뇨, 니, 랴, ㄹ쏘냐, 고, 아 / 어, 이야ㄹ까, 래]

다음의 부사들은 평서형, 명령형, 청유형을 취하지 못한다.

〈표 8〉호응 관계의 평서형, 명령형, 청유형 제한

제한 어미형	호응 의미	호 응 관 계 　 형 태
평 서 형 명 령 형 청 유 형	의구 / 의문 / 추측 / 정도 / 의문	[설마, 행여나……습니까, 오리까, 아요 / 어요, 으오 / 소, 지요, 는가 / 는고, 을까, ㄹ쏜가, 나, 느냐 / 냐, 느뇨, 니, 랴, ㄹ쏘냐, 고, 아 / 어, 이 야ㄹ까, 래] [얼마나, 오죽……ㄴ가, ㄴ지, 으면 / 랴, 리, 까]

다음의 부사들은 종결 어미를 받을 수 없으며, 연결 어미와만 호응
관계를 이룬다.

〈표 9〉호응 관계의 종결 어미형 제한

제한 어미형	호응 의미	호 응 관 계 　 형 태
종결 어미	양보 / 가정 / 가상	[비록, 아무리, 설사, 설령, 설혹……ㄹ지라도, 고ㄴ들, 지만, 어도 / 아도, 하기로서니] [만약, 만일, 가령……라면, 다면, 이면, 거든]

이상으로 호응 관계 부사와 유사한 의미를 가진 다른 부사와의 비교
를 통해 호응 관계 어휘들이 가지는 변별성을 알아보고, 호응 관계의
구성 요소 중 대다수를 차지하는 부사와 일부 조사, 그리고 호응 관계
의 부사들이 갖게 되는 서법 제약상을 살펴보았다.

호응 관계의 교육적 적용　　VII

제 7 장

호응 관계의 교육적 적용

1. 호응 관계의 교육적 의의

이 장에서는 '국어에 대한 지식의 내용'과 '국어를 통한 활동의 대
상'이라는 관점에서 호응 관계를 문법 교육의 대상으로 다루고자 한다.
이에 따라 문법 교육의 일부로서 호응 관계가 가지게 되는 교육적 의
의는 다음과 같이 정리할 수 있다.

첫째, 호응 관계는 언어 형식들 간의 기본적인 구성 관계를 보여 주는 국
어 문법의 내용이다. 또한, 한국어 초기 학습자에게는 실용적인 측면에서
필요한 문법적 지식이다. 잘못 사용하고 있거나 잘 모르는 어휘·활용·어
형 변화 등에 대한 정확한 표현 교육은 문법 교육이 담당해야 할 기본적인
부분이다. 그리고 지속적으로 교정 교육이 이루어져야 할 부분이기도 하다.
호응 관계와 같은 표현에 대한 정확한 형태와 의미의 표현을 지도하는 것
은 국어의 기본적인 언어 구성 능력을 신장하도록 하는 것과 관련된다[1]).

둘째, 호응 관계의 지도 내용은 학습의 활동 대상으로 삼기에 용이

---

1) 호응 관계를 언어 현실에서 제대로 사용하지 못하는 것은 언어 요소들의 기본적인
구성 관계를 정확하게 사용하지 못하는 것이다. 즉, 이러한 호응 관계의 부적절한
사용은 언어 생산자에게는 표현의 적절성과 적정성에, 언어 수용자에게는 이해의
경제성에 영향을 주게 되어 원활한 의사소통의 장애 요소가 된다. 이와 같이 볼 때
호응 관계의 적절한 운용은 언어 사용자의 기본적인 언어 구성 능력의 일부이다.

한 언어 현상 자료이다. 호응 관계는 언어 사용자들이 현실적으로 사용하고 있는 언어 내용이며, 일상적으로 쉽게 접할 수 있는 국어의 독특한 현상이다. 즉, 현상이 가진 규칙성을 발견하고 이를 일반화하여 다른 언어 현상과 비교하며 변형하여 표현할 수 있는 문법 교육의 활동 자료가 될 수 있다. 이러한 교수 학습 방법상의 활동은 학교 교육에서의 문법 교육에 방법론상의 활력이 될 수 있다.

셋째, 호응 관계에 대한 학습은 다른 문법적 내용으로의 전이 학습이 가능하여 다양한 문법적 내용을 학습할 수 있다. 호응 관계를 통한 다른 문법 지식으로의 전이 학습은 두 가지 사항을 축으로 하여 전개할 수 있다. 우선, 호응 관계의 구성 요소들은 용언의 활용 문제와 관련되는 어휘가 상당수를 차지한다. 그 용언의 활용은 서법의 문제로 직결되며, 또한 용언의 문제는 동사와 형용사 등의 품사 문제와 연결될 수 있다. 이렇듯 용언의 활용, 서법, 품사 등의 문제는 호응 관계의 관련 어휘들을 이용하여 쉽게 접근할 수 있다. 그리고 형용사나 동사와 같은 국어 용언의 특징과 의미적 자질들에 대해서 호응 관계의 학습을 통하여 자연스럽게 분석할 수 있다. 다음으로는 호응 관계 어휘들의 대다수를 차지하는 부사들을 정확하게 파악함으로써, 일반 부사와 호응 관계 부사들 간의 의미적 차이를 인식하여 부사의 한정적 용법을 학습할 수 있게 된다. 또한, 호응 관계의 학습은 이 문장들을 이용하여 일반 어휘들의 통합으로 이루어진 문장으로 대치하여 유사 의미 문장 표현 등을 발견하는 과정으로도 적용할 수 있다. 즉, 호응 관계의 부사 어휘 등을 통해 일반 부사와의 비교·대치, 유의어 학습, 다양한 문장 표현 등으로 학습의 범위를 확장할 수 있다.

넷째, 호응 관계는 문장 안과 문장 밖 모두 관련되는 현상으로서 학습 수준의 단계화가 가능한 자료 대상이다. 호응 관계를 이루는 어휘들은 대부분 문장 내의 구성 요소들로서 그 범위가 문장을 벗어나지 않는다. 그러나 문장 안에서만 작용하는 호응 관계 어휘들만 있는 것이 아니라 형태적으로는 문장 내에서 이루어지지만, 그 의미 기능까지 고려할 때에는 문장 밖의 지시 내용까지 고려해야 그 의미를 바르게 파악할 수 있는 호응 관계 형태들이 있는데, 이러한 문법적 특징은 호응 관계를 이용한 범위별 단계 학습을 가능하게 한다. 호응 관계 어휘들을 통하여 문장 안에서 문장 밖까지 단계적으로 학습하고, 이러한 학습을 통해 문장의 구조와 텍스트의 구조를 이해할 수 있다.

요컨대 초등과 중등 수준의 학습자, 그리고 외국인을 위한 한국어 학습에서 이해와 표현의 기본 지식인 호응 관계를 지도하는 것은 언어 형식들 간에 고정적으로 동반하는 기본적인 언어 구성 요소들의 관계를 알게 해 주는 것이다[2]. 또한, 호응 관계는 간단하고 일상적인 언어 현상으로서 언어 사용 활동의 대상 자료로 이용할 수 있다. 따라서 다음에서는 이러한 호응 관계의 교육적 기능을 실제로 전개할 수 있는 교육적 방안을 모색해 보도록 하겠다.

2. 호응 관계의 교육 내용 자료

문법 영역은 이중적 특성을 가지고 있다. 그것은 내용 자체가 갖고 있는 지식적 특성과 목표로서 갖게 되는 실용적 특성에 기인한다. 지식적 가치를 살리면서 실용적 가치를 추구하기 위해서 이론의 체계화와 교육적 구체화가 동시에 이루어져야 한다. 그리고 문법 영역은 국어의 구조적 지식, 국어사, 언어의 본질, 국어에 대한 태도, 표준어와 맞춤법

---

2) 한편. 한국어를 제2언어로 하는 외국인 한국어 학습자에게는 호응 관계의 지도가 한국어의 상관적 어구들에 대한 의미와 형태를 생산 교육적인 면에서 지도하는 것이 된다.

등 언어에 대한 다양한 하위 내용을 포함하는데, 그중에서 호응 관계는 국어의 구조적 지식에 해당하는 내용이다. 이를 교육적 내용으로 수용하기 위해서는 우선 지도 내용이 명확하게 선정되어야 한다. 그 다음 교수 학습의 방안 및 교재의 구안이 구체적으로 이루어져야 한다. 선정되는 지도 내용은 언어 사용을 고려한 현실적 언어 자료여야 하며, 구성되는 교수 학습 방안이나 교재 구안은 주입식이나 강의식이 아닌 학습자의 능동적 활동으로 이루어져야 한다. 이러한 점을 감안하여 호응 관계의 교육 내용 자료를 선정할 때는 다음과 같은 점을 고려하여야 한다.

첫째, 국어교육의 모든 영역이 그러하지만, 호응 관계와 같은 문법적인 내용에 있어서는 학습자의 언어 현실을 가장 우선적으로 고려해야 한다. 즉, 학습자의 언어 사용 현실에서 필요한 부분이 강조되어야 하고, 사용 능력의 단계를 앞당길 수 있어야 하며, 실제적으로 지식이나 기능 면에서 부족한 부분이 교육적으로 다루어져야 할 것이다. 구체적으로 언급해 본다면, 호응 관련 어휘 중에서 습득이 용이하지 않았던 어휘들을 조사하여 학습의 내용으로 선정하는 것이다. 이를 위해서, 학습자의 발달 단계에 맞는 전체적인 기초 어휘 조사까지는 이루어지지 못할지라도 그 일부분에 해당하는 내용인 호응 관계 어휘에 대한 것이라도 초등·중등 수준에 맞는 기초 어휘 조사가 선행되어야 할 것이다.

둘째, 주변의 일상 언어 자료, 전문 내용의 자료 등 다양한 범위에서 호응 관계 어휘들을 선택하여 학습자의 동기 유발에 중점을 두도록 한다. 호응 관계는 일상 발화, 신문 등 일상 언어 현실에서 수월하게 찾을 수 있는 현상이다. 또한, 중수필, 논설, 전문적인 내용을 다룬 서적 등 문어체적 성격이 강한 글에서도 자주 등장하는 국어의 표현 양상이다. 따라서 학습자가 다양한 범위에서 골고루 대상을 발견하고 해결하는 활동을 함으로써 학습의 동기를 유발할 수 있도록 한다.

셋째, 일정 수준에 이른 학습자에게는 호응 관계를 말하기와 쓰기 등의 표현 영역과 통합적으로 다루는 것을 고려하여야 한다. 학습자는 호응 관계 학습을 통해 지식의 학습, 언어 현상의 발견 활동, 언어 규칙의 해결 활동 등을 하게 되는데, 이 과정이 말하기와 쓰기 등의 기능 영역과 통합적으로도 이루어질 수 있도록 한다.

다음에서는 이상의 사항을 고려한 호응 관계의 교육 내용 자료를 제시하도록 하겠다.

가. 기본 자료

기본 자료는 호응 관계 어휘를 중심으로 관계 형태를 제시하고 그 의미를 범주화하여 정선한 교육용 내용 자료이다. 호응 관계의 두 구성 요소가 반드시 함께 나타나는 호응 관계 형태와, 두 구성 요소 중 하나만 나타날 수 있는 호응 관계 형태를 분류하여 다음과 같이 제시한다[3]).

① 동반 필수 호응 관계

언어 요소들의 동반이 필수적인 호응 관계를 '동반 필수 호응 관계'라 하며, 그 형태를 정리한 교육 내용 자료는 다음과 같다.

3) 문장 이상의 범위와 관련되는 호응 관계 형태들도 참고로 제시하면 다음과 같다. 이것은 텍스트 구조 중심의 분석에서는 언어 표지로 분류할 수도 있다.

호응 관계 어휘	호응 관계 의미	호응 관계 형태
전자는	병 렬	후자는
한편에서는, 하는가 하면	상 보	또 한편에서는, -기도 한다
점점, 점차, 점차적으로	상 보	그럴수록
첫째는	병 렬	둘째는, ……, n째는
첫째도	병 렬	둘째도, ……, n째도
왜냐하면	이 유	때문이다
그 이유는	이 유	때문이다

〈표 10〉'동반 필수 호응 관계'의 교육 내용 자료

호응 관계 어휘	호응 관계 의미	호응 관계 형태
마치	비 유	처럼, 듯이, 같이
에서	나 열	까지
부터	나 열	까지
게다가, 또한	부 가	도
모름지기, 부득이	당위, 필연	ㄴ다, 어야 한다, 이다, ㄹ뿐이다, ㄹ 따름이다
꼭, 반드시, 결단코	당위, 의지, 확신	ㄴ다, 어야 한다, 이다, ㄹ것이다
단연, 단연코, 단연히, 꼭, 확실히, 반드시	당위, 의지, 필연	ㄴ다, 어야 한다, 이다, ㄹ뿐이다
기필코, 기어이	의 지	ㄴ다, 어야 한다, 이다, 겠다
그야말로	확 신	이어야 한다, 이다, ㄹ뿐이다
설마, 행여나	의문, 의구, 추측	습니까, 오리까, 아요 / 어요, 으오 / 소, 지요, 는가 / 는고, 을까, ㄹ쏜가, 나, 느냐 / 냐, 느뇨, 니, 랴, ㄹ쏘냐, 고, 아 / 어, 이야ㄹ까, 래
어쩌면, 아마	의문, 의구, 추측	ㄹ지도, 일 것이다, ㄹ걸
혹 시	의문, 의구, 추측	습니까, 오리까, 아요 / 어요, 으오 / 소, 지요, 는가 / 는고, 을까, ㄹ쏜가, 나, 느냐 / 냐, 느뇨, 니, 랴, ㄹ쏘냐, 고, 아 / 어, 이야ㄹ까, 래
얼마나, 오죽	정도, 의문	ㄴ가, ㄴ지, 으면, 랴 / 리 / 까
비록, 아무리, 설사, 설령, 설혹	양 보	ㄹ지라도, 고ㄴ들, 지만, 어도 / 아도, 하기 로서니
만약, 만일, 가령	가정, 가상	라면 / 다면 / 이면, 거든
왜냐하면	이유, 근거, 원인	어서 / 니까 / 므로, 때문이다
제 발	명령, 요청, 제안	어요, 해라, 세요
결코, 별반, 별로, 다시는, 절대로, 그리, 전혀, 좀처럼, 더 이상, 고사하고, 과히, 도무지, 도시, 도저히, 통, 만부득이, 전연, 좀체, 차마, 일절이루, 그다지, 아무도, 누구도, 아무것도, 조금도, 추호도, 털끝만큼도, 쥐뿔도	부 정	없다, 아니다, 못하다
여 간	부 정	아니다

② 동반 가능 호응 관계

언어 요소들의 동반이 필수적이 아니라 대체로 함께 동반하는 경향을 띠는 호응 관계를 '동반 가능 호응 관계'라 하고, 그 형태를 정리한 교육 내용 자료는 다음과 같다.

〈표 11〉 '동반 가능 호응 관계'의 교육 내용 자료

호응 관계 어휘	호응 관계 의미	호응 관계 형태
오직, 오로지	유 일	뿐, 만, 밖에, 따름
다만, 단지	유 일	뿐, 따름, 밖에
단	유 일	만, 뿐, 따름
점점, 점차, 점차적으로	점 진	ㄹ수록, ㄹ 때
이든/이건/든지	등 가	이든/이건/든지
역시, 또한, 도, 하물며	부 가	도, 또한, 까지, 뿐더러
는 데다가	부 가	기까지, 도
한편으로는/하나는	상 보	다른 한편으로는/다른 하나는

나. 보충 자료

보충 자료는 기본 자료를 중심으로 지도할 때 관련되는 예문 및 실제상의 주의점을 더하여 제시한 자료이다.

이 보충 자료에 제시된 어휘의 추출 및 주의점 제시의 근거는 두 단계의 조사 결과에 기인한다. 1차 조사는 중등 과정을 마친 대학생들의 일 년 동안의 작문 과제를 검토하여 일반적으로 자주 사용하는 호응 관계의 부사어류를 분석·추출하였다. 다음 2차 조사는 1차 조사에서 추출된 내용들을 단서로 제시하고 중등 수준의 필자에게 문장으로 표현하도록 지시하였다. 이 조사들의 목적은 자주 사용하는 호응 관계 어

휘와 잘못 사용하는 호응 관계 어휘들을 발견하기 위함이었다. 구체적인 조사 내용은 다음과 같다.

    <1차 조사>
    ① 기간: 1995년 3월~1996년 2월
    ② 대상: S대학교, H대학교 국어 작문 수강생(100명)
    ③ 방법: 작문 평가
    ④ 결과: ⅰ) 사용의 빈도가 높은 호응 관계 어휘 추출
            ⅱ) 일부 호응 관계 어휘에 대한 사용상의 문제 발견

    < 2차 조사 >
    ① 기간: 1996년 3월 4주간(매주 국어 시간)
    ② 대상: 서울 소재 중학교 2학년 두 개반(100명)
    ③ 방법: 짧은 글짓기
    ④ 결과: 호응 관계 형태와 의미에 대하여 모르거나 잘못 알고 있는 부사형 추출

  이와 같은 과정을 거쳐 추출한 호응 관계 교육 내용 자료는 다음과 같으며, 비고란에 주의 어휘, 혼동 어휘, 모르는 어휘로 구분하여 제시하였다. 이는 각 호응 관계 어휘에 대한 지도상의 편의를 돕기 위한 것이다. '주의 어휘'는 특별히 잘못 사용하지는 않지만 형태와 의미적으로 신경을 써야 할 어휘들을 말하고, '혼동 어휘'는 유사한 형태를 가진 어휘들로 인해 호응 관계 어휘들의 의미를 혼동하게 되는 어휘들에 대한 것이고, '모르는 어휘'는 중등 학습자가 의미를 잘 모르고 있는 것으로 분석된 어휘들을 의미한다4).

---

4) 다음은 2차 조사에서 드러난 호응 관계 표현형 실태와 부적절 호응 관계 분포를 참고로 제시한 것이다.

〈표 12〉 호응 관계 지도의 보충 자료

호 응 관 계	설 명(용 법)	비 고
모름지기 [ㄴ다, 어야 한다, 이다, ㄹ뿐이다, ㄹ 따름이다]	마땅히 예 모름지기 사람은 정직해야 한다.	주의 어휘
결단코 [ㄴ다, 어야 한다, 이다, ㄹ것이다]	결정적으로 꼭, 마음먹을 대로 반드시 예 결단코 하고야 말겠다.	혼동 어휘 (※ 결코)
단연 [ㄴ다, 어야 한다, 이다, ㄹ뿐이다]	① 매우 굳센 모양 예 단연 찬성한다. ② 확실히 단정할 만하게 예 그가 단연 앞선다.	모르는 어휘
설마 [습니까, 오리까, 아요 / 어요, 으 오 / 소, 지요, 는가 / 는고, 을까, ㄹ쏜가, 나, 느냐 / 냐, 느뇨, 니, 랴, ㄹ쏘냐, 고, 아 / 어, 이야 ㄹ 까, 래]	(부정적인 추측을 강조할 때 쓰여) 아무리 하기로 예 설마 그럴 리가 있나?	혼동 어휘 (※ 혹시)

호응 관계 부사	호응 관계 표현형	부적절 호응 관계 분포
결단코	해야 한다, 한다, 하고 만다, 않다	
결 코	않다, 없다, 아니다, 안, 못	6
도대체	ㄴ지, ㄹ지	2
만 약	ㄴ다면, 이라면	2
별 로	안, 못, 않다, 못하다, 없다	2
비 록	지만, (으)나, 어 / 아도, ㄹ지라도, 더라도	2
설 마	리, 기야	2
설 혹	다 하더라도, -ㄹ지라도, -ㄴ다고 해도	64%
아무리	어 / 아도, 다 하더라도, 기로서니	4
얼마나	ㄴ지, 어 / 아야, ㄴ데, ㄴ 줄, 으면, 기에	2
여 간	ㄴ게) 아니다, 지 않다	4
오 죽	(으)면, ㄹ까?, 니?	4
오 직	밖, 만, 뿐	10%
행여나	ㄹ까(봐), ㄴ다면, 거든	14%
혹 시	ㄹ까, ㄹ지	2

호 응 관 계	설 명(용 법)	비 고
행여나 [습니까, 오리까, 아요/어요, 으오/소, 지요, 는가/는고, 을까, ㄹ쏜가, 나, 느냐/냐, 느뇨, 니, 랴, ㄹ쏘냐, 고, 아/어, 이야 ㄹ까, 래]	'행여'의 힘줌말 바라건대, 혹시, 다행히, 어쩌다가라도 예 행여나 그 님이 오시려나	모르는 어휘
혹시 [습니까, 오리까, 아요/어요, 으오/소, 지요, 는가/는고, 을까, ㄹ쏜가, 나, 느냐/냐, 느뇨, 니, 랴, ㄹ쏘냐, 고, 아/어, 이야 ㄹ까, 래]	① 만일에 예 혹시 안 되더라도 섭섭해 하지 마시오 ② 어떠한 경우에, 혹자 예 혹시 합격될지 아니?	혼동 어휘 (※ 설마)
오죽 [ㄴ가, ㄴ지, 으면, 랴/리/께]	여간, 얼마나 예 동생만 빼놓고 가족들이 다 놀러 갔으니 오죽 섭섭했을까?	혼동 어휘 (※ 오직)
비록 [ㄹ지라도, 고ㄴ들, 지만, 어도/아도, 하기로서니]	아무리 그러하다 할지라도 예 비록 돈은 없어도 마음은 부자이다.	주의 어휘
아무리 [ㄹ지라도, 고ㄴ들, 지만, 어도/아도, 하기로서니]	① 사물의 정도가 매우 심함을 나타낼 때 쓰이는 말 예 아무리 열심히 해도 그를 따라갈 수는 없다. ② 비록 그렇다 할지라도 예 아무리 가난하게 살망정 비굴하게 살지는 않겠다.	주의 어휘
설사 [ㄹ지라도, 고ㄴ들, 지만, 어도/아도, 하기로서니]	설령 예 설사 내 잘못이라 하더라도 네가 이해해 줬어야 했다.	혼동 어휘 (※ 설마)
설령 [ㄹ지라도, 고ㄴ들, 지만, 어도/아도, 하기로서니]	(가정적으로 긍정하면서도 부정할 때에 쓰여 그러하다고 하더라도) 예 설령 고의는 아니었다 치더라도, 책임은 면할 수가 없다.	혼동 어휘 (※ 설마)
설혹 [ㄹ지라도, 고ㄴ들, 지만, 어도/아도, 하기로서니]	설령, 설사, 설약 (가정적으로 긍정하면서도 부정할 때에 쓰여 그러하다고 하더라도) 예 설혹 잘못을 했더라도 용서해 주기로 하자.	모르는 어휘
만약 [라면/다면/이면, 거든]	만일 예 만약 네가 못 오면 나 혼자라도 간다.	주의 어휘

호 응 관 계	설 명(용 법)	비 고
만일 [라면 / 다면 / 이면, 거든]	만약, 만혹, 약혹, 여혹 있을지도 모르는 뜻밖의 경우에, 어떤 일을 가정하고서 📵 만일 성사를 못 시키면 대가를 달게 　받겠습니다.	주의 어휘
결코 [없다, 아니다, 못하다]	(아니다, 없다, 못하다 따위의 말과 함께 쓰여) 절대로 📵 결코 용서할 수 없다.	주의 어휘
별반 [없다, 아니다, 못하다]	별다르게, 별로, 별단, 별양 📵 별반 중요한 것은 없다.	모르는 어휘
별로 [없다, 아니다, 못하다]	(부정하는 말과 함께 쓰여) 그다지, 별다르게 📵 눈은 내렸지만 별로 춥지는 않다.	주의 어휘
절대로 [없다, 아니다, 못하다]	어떤 경우에도 📵 이것만은 절대로 양보할 수 없다.	주의 어휘
이루 [없다, 아니다, 못하다, 어렵다]	(주로 '없다', '어렵다'와 같이 쓰여) 구체적으로 하나하나, 여간하여서는 도저히 📵 이루 다 헤아릴 수가 없다.	모르는 어휘
그다지 [없다, 아니다, 못하다]	(부정하는 말과 함께 쓰여) 별로, 그리 📵 날씨가 그다지 춥지는 않다.	주의 어휘
여간 [아니다]	(뒤에 '아니다, 아니하다' 등의 부정하는 말이 딸리어) 보통으로, 어지간히 📵 그 아이는 여간 똑똑하지 않다.	주의 어휘

　이상에서 호응 관계의 교육 내용 자료를 추출·제시하였다.

　우리는 교육의 현실에서 언어 지식이 특별한 교수 학습의 방법적 고려가 없이 단순 강의와 암기로 이루어지는 수업 현장을 경험해 왔다. 적절한 내용의 선정과 특별한 교수법의 개선이 이루어지지 않고서는 문법 교육은 이 상태로 정체될 수밖에 없을 것이다. 이러한 현실적인 당면 문제와 관련하여 본 연구는 다음에서 교수 학습 과정과 교재 구안 모형 등을 강구하도록 하겠다[5].

3. 호응 관계의 교수 학습 과정

언어 발달 단계로 볼 때 언어 사용력이 완전하게 숙달되지 않은 초등이나 중등 저학년의 학습자에게는 질적·양적으로 국어의 체계적인 지식이 부족하다. 문법 영역은 초기 학습자에게 부족한 지식을 제공하는 영역이며, 이러한 점에서 그 내용이 학습될 필요가 있다. 그리고 언어 구성 요소들의 관계에 대한 지식은 기초적인 언어 현상에 대한 이해를 위해 필요하며, 발견·해결의 활동 대상으로서 다루어질 수 있다.

호응 관계의 교수 학습 과정은 지도의 일반적 전개에 따라 '주의, 활동, 정리'의 세 과정으로 단계화된다. 교수 학습의 일반적인 단계를 구체적으로 살펴보면 다음과 같으며, 호응 관계의 교수 학습 단계도 이에 따른다[6].

① 주의 단계

주의 단계는 학습의 준비 단계이다. 이 단계에서는 학습의 주의를 요하는 활동을 한다. 즉, 학습자의 학습 동기를 유발하고, 학습자가 호응 관계 현상을 의식할 수 있도록 한다. 이때 주의할 것은 교사가 모든 지식을 미리 제공해서는 안 되고 문제 제기가 될 수 있는 지식만을 제시하여야 하며, 학습의 목표가 설정될 수 있는 선에서의 기본적 지식만을 제공하여야 한다.

---

5) 본 연구는 이러한 측면에서 문법의 내용을 어떻게 제시하느냐에 초점을 맞추고, 문법 영역이 언어 능력과 직접적으로 관련될 수 있는 해결책의 일환으로서 '탐구 학습 방법'을 제안한 김광해(1995)의 논의에 그 입장을 같이 한다.

6) 본 연구에서 제시하는 수업 모형은 문법 영역의 정신적 탐구 과정을 중시한 김광해 (1992, 1995)의 탐구 학습의 원리와 진행 과정 면에서 유사하다. 그러나 본 연구에서는 일반적인 수업의 흐름과 같은 선상에서 보조를 맞추기 위해 수업 모형을 제시할 때 일반적인 수업 원리인 3단계 구성을 따르도록 하겠다. 그리고 진행되는 교수 학습의 성격에 부합하는 중심적 전략들을 함께 제시하도록 한다.

② 활동 단계

국어에 대한 지식을 교수 학습할 때 언어를 정적인 자료로 다루는 것이 아니라 동적인 대상으로 다룸으로써 주체적인 학습이 이루어질 수 있다. 이를 위해서 이 단계에서는 언어를 대상으로 하여 문제를 파악하고 그것을 해결하는 발견 전략과 해결 전략을 이용한다.

우선, 발견 전략이란 '사고'를 구성하는 의식적인 인지 과정이다. 이 전략은 발견적 과정을 거쳐 이루어지는데, 이 과정에는 구성 요소 X와 Y 간의 관계 의미를 강화하고, 그 형태를 명확하게 이해하는 처리 과정 등이 포함된다. 발견 전략 활동은 다음과 같은 단계로 이루어진다.

• 1단계: 문맥 무시 단계
　불명확하고 부정확한 구성 요소들의 관계로 간주되는 자료는 일단 무시한다. 이것은 문맥 이해 단서에 상대적으로 덜 중요한 문제를 파악할 때 가능하다. 중요하다고 판단되면 다시 읽기가 가능하다. 이를 통해 학습자는 이해와 관련된 구성 요소들을 학습하게 된다.

• 2단계: 판단 보류 단계
　돌발적인 형태 구조에 대해 판단을 중지하는 것은 1단계 전략의 논리적인 확장이다. 내용의 전부를 무시하는 것이 아니라, 나중에 문맥에서 문제가 명확히 이루어질 것을 믿고 계속 진행한다.

• 3단계: 가정의 구축 단계
　유능한 학습자는 애매한 상태가 되면 가설을 구축한다. 불명확한 언어 형식들의 관계를 나름대로의 관계로 가정한다. 이러한 시험적 이해의 표상은 독자가 자신의 지식과 이해력 둘 다에 의존하여 이루어지게 된다. 일반적으로 지식이 풍부하고 요령이 더 좋을수록 정확한 관계들을 구축한다.

• 4단계: 배경 지식의 이용 단계
　자신에게 친숙한 배경 지식을 활용하거나 문장을 떠나서 의미를 생각하는 것은 독자가 이용하기에 가장 어려운 전략이다. 이것은 문장에서 형태만으로는 의미를 찾을 수 없을 때 선택적으로 이용된다.

다음, 해결 전략(resolution rules)이란 언어 형식들이 결합하게 될 때, 일 반적인 의미와 기능적인 조건(common semantic and functional conditions) 을 통해서 사용되는 형태가 결정되는 규칙을 의미한다(Gazdar, G.· Klein, E.·Pullum, G.K., 1983:175)[7]. 이러한 해결 전략은 언어 현상의 문제를 의미와 기능을 고려하여 형태적으로 해결하는 방법상의 원리이 다. 이 전략은 당면 문제를 해결하기 위하여 그 문제의 성격에 맞는 속성 을 먼저 확인한 다음에 일반적인 해결 규칙을 적용하고, 마지막으로 그 문제를 의미적·형태적으로 결정하는 과정으로 이루어진다.

교수 학습의 활동 단계는 구체적으로 '화제 대면, 문제 직시, 문제 발견, 문제 해결' 등의 4단계로 이루어진다.

이 단계들을 구체적으로 알아보도록 하자. 화제 대면의 단계는 의식 적으로 문제를 인식하는 단계는 아니지만 문제의 예비 인식 단계이다. 이 단계에서는 문제가 될 수 있는 현상들이 제기되고, 그 다음에 이루 어질 활동에 대해서 지적인 준비를 한다. 그리고 문제 직시의 단계는 주어진 화제가 자신의 의식 안에 명백하게 있지 않은 경우, 그 문제를 인식하는 단계이다. 다음, 문제 발견의 단계란 그 사태가 문제임을 발 견하고 자신이 취하고 있는 의식적 활동의 부분에서만 분석될 수 있는 일반적인 단언을 문제화하는 단계이다[8]. 마지막으로 문제 해결의 단계 란 앞 과정에서 이루어진 활동들에 대해서 결론을 이끌어내는 과정으 로서, 이때 앞서 살펴본 해결 전략이 사용될 수 있다.

이상의 내용을 종합하여, 활동 단계에서 언어 사용자가 호응 관계의

---

7) 이것은 Givon의 용어이며, 이러한 개념을 Vanek은 '자질산정규칙(feature computation rules)'이라는 용어로 부른다.

8) 차진형(1987:46) 등에서 언급한 바와 같이, 밝혀진 연구에 따르면 아동은 자신의 환 경을 탐사하는 데 언어가 어떻게 도움을 주었는가에 대하여 자신이 아는 바를 토대 로 하여 만든 발견적 언어 모델을 가지고 있다. 이것은 인간에게 발견적 기능 (heuristic function)이 내재되어 있음을 말해 주는 것이고, 이러한 기능이 구조적으로 작용할 때 이를 발견적 모델이라고 부를 수 있게 되는데, 발견적 모델이란 현실을 연구·조사하는 수단, 즉 사물에 관하여 배우는 방법으로서의 언어 모델을 말한다.

구조를 인식하고 일반화하는 과정을 다음과 같이 제시한다. 우선, 언어 사용자는 글에서 구성 요소들의 관계를 파악한다. 그 다음 이 구성 요소들 간의 긴밀한 동반성을 인식하였다면, 어떠한 규칙으로 이해할 것인가 또는 어떻게 표현할 것인가를 결정하게 된다. 이 과정에서는 학습자 스스로가 호응 관계를 찾아내며, 그것을 재구성하고 표현할 수 있어야 한다. 이때에는 호응 관계의 형태와 의미들을 찾아내는 것뿐만이 아니라 비호응의 관계를 바르게 재구성하는 것까지 포함된다. 여기에는 사용자의 상위 인지가 작용하는 의식적인 활동 과정이 포함된다[9]. 이러한 과정으로 이루어지는 호응 관계의 교수 학습 활동 단계를 정리해 보면 다음과 같다.

〈활동 단계 과정〉

① **화제 대면 단계 (→ 문제 정의)**
   - 이 문장에는 구성 요소들의 긴밀한 관계가 있다.
   - 이 문장에 있는 구성 요소들의 관계가 정확하지 않다.

② **문제 직시 단계 (→ 가설 설정)**
   - 이 문장에는 구성 요소들의 규칙적 관계가 있다.
   - 이 문장에는 복구되거나 수정되어야 할 형태나 의미 관계가 있다.

③ **문제 발견 단계 (→ 가설 검증)**
   - 대상 발견: 문장에서 어떠한 요소들이 고정적으로 동반한다.
   - 문제 발견: 문장에서 어떠한 요소가 부족하거나 자연스럽지 못하다.

④ **문제 해결 단계 (→ 결론 진술)**
   - 문제 해결: 호응의 관계를 인식하고, 구체적으로 관련되는 요소들의 관계를 재구성한다.

---

9) 상위 인지란 학습자가 자신의 인지적 상황에 유의하면서 이에 대해 스스로 통제(self-monitoring)하는 것을 말한다. 상위 인지가 작용하면서 자가 통제하는 과정 중에 의식적인 질문이 따르게 된다. 이것은 자가 확인법이라고 할 수 있으며, 호응 관계에 대해서도 문제 발견과 해결 단계에서는 이 방법이 효과적으로 이용된다. 구체적으로 예를 들자면, '고정적으로 서로 동반되는 [구성 요소X +구성 요소Y]의 형태가 있는가?'라는 물음에 대한 대답을 스스로 찾아내는 과정이 그에 해당한다.

이러한 활동 단계를 거치고 나면 마지막으로 정리 단계로 들어가게 된다.

③ 정리 단계

정리 단계는 활동 단계에서 해결하여 결론으로 진술된 내용들을 다양한 예문들을 통해 확인 학습 활동을 하는 단계이다. 이에 따라 일반화가 가능해지며 학습자는 활동 단계에서 다룬 현상과 내용들을 완전한 자신의 문법으로서 내재화할 수 있게 된다.

이상으로 호응 관계의 교수 학습에서 이루어지는 주의 단계, 활동 단계, 정리 단계의 일반적 전개 원리를 살펴보았다. 이 내용을 교수 학습의 일반적 단계와 관련지어 정리하면 다음과 같다.

〈표 13〉 교수 학습의 단계

교수 학습 단계		교수 학습의 일반적 내용	호응 관계의 교수 학습 내용
주의 단계	준비학습단계 [활동의 준비]	학습의 주의를 요하는 활동을 한다.	호응 관계 현상을 의식하는 활동을 한다.
활동 단계	화제대면단계 [문제의 정의]	문제가 제기되고 다음에 이루어질 활동에 대하여 지적인 준비를 한다.	언어 요소들의 긴밀한 동반 관계를 파악하는 활동을 한다.
	문제직시단계 [가설의 설정]	현상을 문제로 인식하는 단계이다.	언어 요소들의 형태와 의미가 가진 규칙적인 동반 관계를 파악하는 활동을 한다.
	문제발견단계 [가설의 검증]	일반적인 단언을 문제화하는 단계이다.	구성 요소가 되는 대상을 발견하고, 그 대상들이 가진 문제를 찾아내는 활동을 한다.
	문제해결단계 [결론의 진술]	앞 과정에서 이루어진 활동들에 대하여 결론을 이끌어내는 단계이다.	특정한 언어 요소들의 호응 관계를 구성하는 활동을 한다.
정리 단계	정리학습단계 [일반화, 교정]	진술된 내용들을 확인하고 일반화하는 단계이다.	다양한 구성 요소들의 호응 관계를 확인하는 활동을 한다.

4. 호응 관계의 교재 구안 모형

가. 교재 구성의 단계10)

실제적으로 교재는 교수 학습의 현장에서 가장 직접적으로 작용하는 교육 매체이다. 단계적인 학습자 교육을 위해서는 교육의 매체인 교재의 내용 구성도 단계화되어야 한다. 현실적으로 교재 요소는 교육의 매개체로서 객관화가 가능한 가장 중요한 요소 중의 하나이다.

호응 관계의 교재를 교재 구성의 일반적인 원리에 따라 고려해 보도록 하자11). 호응 관계의 교재를 구안할 때 내용 제공 단계에서 요구하는 학습 목표, 학습 내용 등을 간략하게 제시해 보면 다음과 같다.

〈표 14〉 교재 구성의 단계

단 계	학 습 목 표	학 습 내 용	
		기 본 내 용	구 성 방 침
1. 개념적 지식의 제시 단계	호응 관계의 개념을 알고, 이해와 표현 과정에서 효율적인 사용을 위한 기반을 제공한다.	호응 관계의 개념과 특성을 밝힌다.	국어에서 발견되는 두 언어 요소들 간의 고정적 동반 관계 양상을 다룬다.
2. 과정적 지식의 제시 단계	호응 관계의 개념적 지식을 사용의 과정에서 다룰 수 있도록 과정적 지식의 내용으로 변화시킨다.	호응 관계를 과정적 지식으로 변환해 주기 위해 호응 관계의 여러 유형 양상에 대한 관련 지식을 제공하고, 호응 관계를 통해 언어 구조체를 재구성하는 방식에 관한 지식을 제공한다.	단순한 지식의 제공이 아니라, 실제 현상을 보여 주는 자료로서 호응 관계의 구조를 보여 주는 방식으로 구성한다.

---

10) 교수 학습의 교재로는 교과서, 시청각 자료, 보조 학습 자료 등 여러 가지가 있으나, 본 연구에서는 교사와 학습자가 기본적으로 사용하게 되는 교과서를 중심으로 다룬다.
11) 교과서의 내용은 일반적으로 '준비 학습', '내용 제공', '학습 활동'의 단계로 구성된다. 본 연구는 이 중 '내용 제공' 단계에 해당하는 부분만을 단계화하여 제시하였다.

단 계	학 습 목 표	학 습 내 용	
		기 본 내 용	구 성 방 침
3. 사용 활동의 단계	개념적 지식과 과정적 지식의 기반 위에서 실제 표현과 이해에서 활용할 수 있다.	호응 관계가 이해 영역과 표현 영역에서 직접 언어 사용의 활동 자체로 제시되는 다양한 자료들을 제공한다.	표현과 이해의 실제 언어 사용에서 호응 관계의 고정적 동반 관계를 활용할 수 있도록 다양한 연습 자료와 실제 사용의 예문을 제시하도록 한다.
4. 적용 심화의 단계	개념을 완전히 인식하고 자동적으로 내재화할 수 있다.	호응 관계가 나타나는 문장과 텍스트 범위의 다양한 자료들을 제공한다.	호응 관계와 유사한 형태의 표현, 호응 관계를 이루는 다양한 변이형, 일반 관계의 표현 등을 실제적으로 이해하고 표현할 수 있는 상황 예문을 제시하도록 한다. 이 단계에서는 난이도에 따라 대상의 범위와 내용을 재구성하도록 한다.

이상으로 호응 관계 교재 구성의 단계를 살펴보았다. 다음은 교재에서 제시된 내용을 실제 현장에서 활용할 수 있는 교재 구성의 한 단면으로서, 사용 활동 단계의 호응 관계 내용 제시 방안 모형을 구안하도록 하겠다.

나. 내용 제시 방안 모형

호응 관계의 교재에는 국어에 언어 형식들의 고정적 관계가 있다는 개념을 알게 하고, 활동 과정을 통해서 이를 확인하고 능동적으로 규칙화할 수 있도록 하는 과정이 단계적으로 제시된다. 이러한 과정에서 이루어질 수 있는 호응 관계의 내용 제시 방안을 두 가지로 고려해 보도록 하겠다.

호응 관계에 대한 교재는 '호응 관계 구성 요소들의 맺기'와 '호응 관계 구성 요소들의 채우기 방식'을 활동 내용으로 다룰 수 있다. 이때 짧은 문장, 긴 문장, 텍스트 범위를 단계적으로 제시하며, 호응 관계 어휘도 일반적인 어휘, 친숙한 어휘, 덜 친숙한 어휘, 잘 모르는 어휘,

변형된 어휘, 유사 어휘 등 다양한 내용들을 단계적으로 제시한다. 호응 관계의 대상 자료를 대상 범위와 난이도에 따라 고려해 보면 다음과 같다.

난 이 도 ↓	대 상 범 위 (→)
고정형태, 친숙한 어휘 ↓ 변이형태, 덜 친숙한 어휘, 잘 모르는 어휘, 유사어휘	짧은 문장 → 긴 문장 → 텍스트 (부사, 조사, 용언 호응 관계)　(지시대명사 호응 관계, 접속어 호응 관계)

[그림 17] 범위와 난이도에 따른 호응 관계 대상 자료

즉, 문장 범위에서는 고정된 형태들과의 호응 관계들이나 활용 등을 통한 변이 형태들의 호응 관계, 다양한 어휘 중심의 호응 관계 등에 초점을 맞추고, 텍스트 범위에서는 호응 관계 어휘들이 지닌 문장 밖 지시 의미 등을 고려하여 지시 대명사나 접속어 관련 호응 관계 등에 초점을 맞추어 그 난이도를 조정할 수 있다. 이러한 점을 고려한 호응 관계 내용 제시 방안의 전체적인 구안의 틀은 다음과 같은 방식으로 제시할 수 있다.

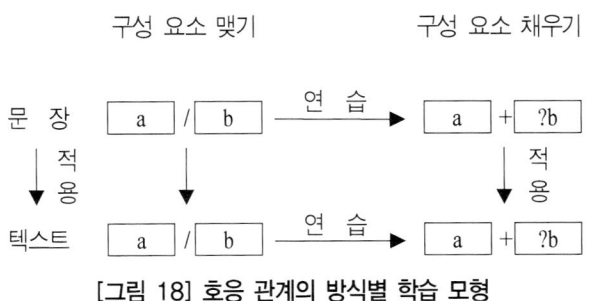

[그림 18] 호응 관계의 방식별 학습 모형

이 두 가지 방식에 대해 구체적으로 살펴보자.

① 구성 요소 맺기 방식

사용 활동 단계에서 호응 관계 내용 제시 방안의 하나로, 호응 관계의 대상이 되는 요소들을 찾아 서로 관련지어 이 구성 요소들의 관계를 호응 관계로 인식하는 방식이 있다. 이것을 '구성 요소 맺기 방식'이라 하며, 이 방식은 문장들을 제시한 후 호응 관계를 이루는 구성 요소들을 찾는 유형으로 구조화된다. 이것을 다음의 도식으로 살펴보자.

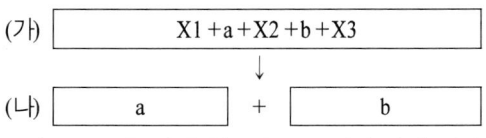

[그림 19] 호응 관계의 '구성 요소 맺기 방식' 체계

위의 도식은 (가)라는 언어 구조체에서 각각 호응 관계의 구성 요소가 될 수 있는 대상들을 (나)와 같이 분류해 호응 관계의 구성 요소로서 서로를 관련지을 수 있게 하는 연습의 모형이다. 이 과정을 통해서 학습자에게 요구되는 것은 국어의 특정한 고정 요소들의 관계를 발견할 수 있는 언어 능력을 확인하는 것이다. 그리고 이 과정은 학습자로 하여금 국어 현상에 대한 탐구적 태도로 접근하여 호응 관계라는 언어 현상을, 구체적인 어휘 요소들을 이용하여 일반 규칙화할 수 있게 하는 유효하고도 간단한 방법으로 이루어진다.

② 구성 요소 채우기 방식

다음으로 '구성 요소 채우기 방식'을 들 수 있다. 이것은 한 형태 제시 후 나머지 요소를 바르게 채우는 형식으로 제시된다. 즉, 형태적 단서를 미리 제공하여 주고, 나머지 호응 형태를 표현하도록 요구하는 것이다. 이것은 다음과 같은 도식으로 살펴볼 수 있다.

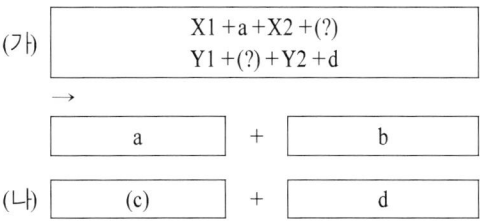

[그림 20] 호응 관계의 '구성 요소 채우기 방식' 체계

위의 도식은 (가)라는 언어 구조체에서 호응 관계의 어휘인 한 구성 요소 a나 d를 형태적 단서로 제공해 주었을 때, (나)처럼 b나 c와 같은 나머지 한 요소를 호응 관계의 구성 요소로 채울 수 있게 하는 연습 모형이다.

이상으로 호응 관계를 교육적으로 적용하는 두 측면인 교수 학습과 교재에 대하여 논하였다. 호응 관계는 학습자의 주체적인 활동과 교사의 전략적인 지도와 교재의 효율적인 제시 양상에 의해 교육의 효과가 향상될 수 있다. 교육의 현장에서는 교사와 학습자가 교재를 매체로 하여 교수 학습의 과정이 이루어지기 때문에, 교수 학습의 방법과 교재의 구성은 맞물려 작용한다.

요컨대 호응 관계의 교수 학습 과정은 주의 단계, 활동 단계, 정리 단계를 거치면서 개념을 인식하고 현상을 찾는 과정들이 발견 전략, 해결 전략과 함께 이루어진다. 호응 관계의 교재는 교수 학습의 과정에 맞추어 이용되는 객관적 매체인데, 교재에서의 내용 제공 단계는 개념

적 지식 제시, 과정적 지식 제시, 사용 활동, 적용 심화 등으로 단계화
될 수 있다. 그리고 내용 제공의 사용 활동 단계에서는 학습자의 사용
활동을 돕는 방식으로 '구성 요소 맺기'와 '구성 요소 채우기'가 있다.

결　론　**VIII**

제 8 장

결   론

1. 요 약

호응 관계는 언어 구조체 내에서 언어 형식 A와 다른 언어 형식 B 가 함께 짝을 하여 고정적으로 동반의 관계로 실현되는 언어 양상이다. 호응 관계를 이루는 이 두 언어 형식 간에는 언어 요소들의 일반적인 통합 관계보다 더 긴밀한 동반성이 작용한다.

호응 관계의 구조는 언어 형식들이 이루는 통사적인 관계와 의미적인 관계로 살펴볼 수 있다. 호응 관계의 통사 구조는 언어 형식 A와 B 가 문장 내에서 기능하는 통사적 역할에 따라 자립소와 의존소의 관계들로 분석되며, 이것은 다시 품사별로 세분화된다. 호응 관계의 의미 구조는 구성 요소가 되는 언어 형식들이 의미적으로 이루게 되는 관계에 따라 수식 구조, 첨가 구조, 병렬 구조로 나뉜다. 즉, 호응 관계의 수식 구조는 호응 관계를 이루는 하나의 구성 요소가 다른 요소를 의미적으로 한정하거나 수식해 주는 관계로 이루어지는 의미 구조이고, 호응 관계의 첨가 구조는 호응 관계의 두 구성 요소들이 서로 동일하거나 유사한 의미로 부가되는 관계로 이루어지는 의미 구조이며, 호응 관계의 병렬 구조는 호응 관계의 두 구성 요소들이 대등적으로 나열되는 관계로 이루어지는 의미 구조이다. 그리고 이러한 구조를 가진 호응 관계는 언어 형식들이 함께 등장하는 동반성을 작용 원리로 하여 이루어지며, 동일한 의미 자질을 가진 구성 요소들의 관계에서 형태적·의미적인 정교화를 지향한다.

호응 관계는 동반 고정성, 형태 분리성, 의미 부가성을 지닌 언어 구성 요소들의 관계라는 점을 특성으로 들 수 있다. 동반 고정성이란 표층적으로 함께 등장할 수 있는 두 언어 형식들의 형태가 고정되어 있다는 것을 말해 주는 호응 관계의 가장 큰 특성이다. 그리고 형태 분리성이란 호응 관계의 언어 형식들이 형태적으로 간격을 두고 등장한다는 것을 의미하는데, 이것은 호응 관계를 이루는 두 언어 형식 사이에 다른 언어 형식들이 개입되어 있으며, 또는 개입될 수 있다는 것을 말해 주는 특성이다. 의미 부가성이란 호응 관계의 두 요소들이 상호 유사한 의미 자질을 지니고 있어 함께 등장함으로써 동일한 의미를 더해 주게 된다는 것을 말해 주는 특성이다.

호응 관계의 유형은 두 구성 요소들이 동반되는 고정성의 정도 차이에 따라, 그리고 구성 요소들이 지시하는 의미 범위에 따라 나눌 수 있다. 두 구성 요소들이 고정적으로 동반되는 정도 차이에 의한 호응 관계의 유형은, 한 언어 형식과 다른 요소가 필수적으로 동반되어야 할 형태와 의미를 지니고 이루어지는 강한 고정성을 지닌 호응 관계와, 동반이 가능한 정도의 약한 고정성을 지닌 호응 관계로 분류하는 것이다. 전자를 '동반 필수 호응 관계'라 하고 후자를 '동반 가능 호응 관계'라 한다. 그리고 구성 요소들이 지시하는 의미의 범위가 문장 내에 한정되는지 문장 밖까지 확장되는지에 따른 호응 관계의 유형은, 문장 안의 호응 관계인 '기본 범위의 호응 관계'와 문장 밖의 호응 관계인 '확장 범위의 호응 관계'로 나누는 것이다. 호응 관계의 구성 요소들은 문장 내의 언어 형식들이며, 이것은 통사상 성분들과 관련된다. 이러한 내용들에 대해 '기본 범위의 호응 관계'에서 다루었다. 그러나 문장의 성분인 호응 관계의 구성 요소들이 문장 밖의 내용까지 지시하는 일부의 몇 경우가 있다. 이에 따라 텍스트 범위에서의 호응 관계 유형들이 있게 되는데, 이를 '확장 범위에서의 호응 관계'에서 다루었다.

호응 관계를 이루는 구성 요소의 언어 형식들로는 고정적으로 함께 동반되어 나타나는 일부의 부사류, 명사류, 조사류, 어미류 등을 들 수 있다. 호응 관계의 구성 요소들은 문장을 구성하는 언어 형식들이기 때문에, 이로 인하여 통사적 제약을 갖게 되는 경우가 많다. 이것은 주로 구성 요소의 통사적인 의미·형태 제약에 따라 명령형과 청유형 등의 서법 제약으로 나타난다. 그리고 호응 관계의 구성 요소들은 특정한 의미 제한 자질을 가진 어휘들로서 일반 어휘들과는 변별되는 어휘의 제약상을 보인다.

이러한 호응 관계의 이론적 내용 체계들은 교육적으로 활용 의의와 가치를 지닌다. 호응 관계는 문법 영역의 일부 내용으로서, 교육적으로 볼 때 이론적 내용과 실용적 목적을 고려한 교수 학습 방법론상의 전환이 필요하다. 호응 관계의 교수 학습은 지도상으로 다음과 같은 절차를 거치게 된다. 준비 단계·활동 단계·정리 단계에 맞추어, 준비 단계에서는 개념을 인식하고, 활동 단계에서는 발견 전략과 해결 전략을 사용하며, 정리 단계에서는 심화, 일반화 등의 과정을 거친다. 이 중 활동 단계를 다시 화제 대면 단계, 문제 직시 단계, 문제 발견 단계, 문제 해결 단계로 세분화하여 구체적으로 다루었다. 그리고 교재는 준비 학습, 내용 제공, 학습 활동의 과정으로 구성되는데, 특히 내용 제공의 과정은 개념적 지식 제시의 단계, 과정적 지식 제시의 단계, 사용 활동의 단계, 적용 심화 등으로 하위 단계화하였다. 이 중 사용 활동 단계에서 이루어질 수 있는 구성의 방식으로, 구성 요소들의 관계를 호응의 관계로 인식하는 '구성 요소 맺기 방식'과, 호응 관계를 이루는 구성 요소들의 결함을 직접적으로 채우고 재구성하는 '구성 요소 채우기 방식'을 제안하였다.

요컨대 본 연구에서는 호응 관계의 구조와 원리, 특성 및 유형, 그리고 문법적 제약상 등을 밝히고, 호응 관계가 교육적으로 다루어질 수 있는지도 내용 체계를 정립하고자 하였다. 그러기 위해 호응 관계의 내용을 이론적으로 체계화하여 교수 학습의 내용에 반영하고, 이를 교수 학습하는 과정과 교재를 구성하는 모형을 제안하였다.

2. 제 언

호응 관계는 한국어의 고정적 동반 관계의 특징을 보이는 언어 현상으로서, 초등과 중등, 한국어를 제2언어로 하는 학습자에게 유용한 기초적인 언어 교육 내용 자료이다. 이 내용들은 본 연구에서 분석한 바와 같이 형상화된 언어 활동 자료로 제시될 수 있다. 그리고 이것이 효율적인 지도 내용으로 되기 위해서 교수 학습 방법의 단계별 제시화와 교재 구성의 실제적 구체화가 이루어져야 한다. 이러한 작업들은 궁극적으로 국어교육의 내용 영역으로서의 문법을 교육하기 위한 관점에서 이루어진다. 이러한 점을 감안하여 언어 현실을 고려한 호응 관계 지도 내용 자료를 추출하고, 발견과 해결 전략을 중심으로 하는 교수 학습 방법을 단계화하고, 활동 중심의 교재 구성 내용을 구안하였다.

이와 같이 본 연구는 호응 관계의 내용 체계를 분석하고 실제적인 활용 자료를 제공한다는 데서 연구의 의의를 찾을 수 있다. 그러나 호응 관계가 문장 내의 구성 요소들을 주된 대상으로 한다는 점에서 범위가 협의적이며, 문어 중심으로 분석하였다는 점에서 사용 언어의 현실적인 한계가 지적될 수 있을 것이다. 그렇지만 본 연구에서 언어 형식들의 고정적인 동반의 관계로 호응 관계의 개념을 명시화하면서 의미들의 호응 관계까지 다룰 수 있는 하나의 시발점이 되도록 하였다. 즉, 문장 내에서 성분들 간의 호응 관계나 일상 발화상에서 고정적으로 뒤따라 나오게 되는 담화상의 화용적 호응과 같은 문제도 '두 구성 요소들의 고정적인 호응력의 작용 관계'라는 관점에서 확대 적용할 수 있을 것으로 본다. 여기에서 이 연구의 이론적 가치를 찾을 수 있다. 또한, 이 연구에서는 호응 관계의 지도 내용을 선정하고 교재 모형을 구안하여 문법 지식을 교육적으로 적용하는 실제 자료를 보여 주었다. 이와 같은 연구 내용을 토대로 하여 다른 문법 지식의 경우에도 구체적으로 적용할 수 있을 것이다.

　이 연구는 향후 호응 관계의 형태 및 의미 범위를 확장하고 교육적·의미적·화용적·텍스트 언어학적으로 더욱 심도 깊은 논의를 지속한다면 그 연구 가치가 더욱 높게 평가될 수 있을 것이다.

참고문헌

고영근(1994), "텍스트언어학", 현대언어학 지금 어디로, 한신문화사.

교육부(1995), 고등학교 국어과 교육과정 해설, 교육부.

구연미(1993), "임의 성분과 일치관계", 우리말 연구 제3집, 우리말 연구회.

구연미(1994), "임의 성분의 유형과 일치 현상", 한글 223호, 한글 학회.

권재일(1985), 국어의 복합문 구성 연구, 집문당.

김광해(1992), "문법과 탐구학습", 선청어문 제20집, 서울대학교 사범대학 국어교육과.

김광해(1995), "언어 지식 영역의 교수 학습 방법", 국어교육연구 제2집, 서울대학교
　　　　사범대학 국어교육연구소.

김광해(1996), "국어지식 교육의 위상", 국어교육연구 제3집, 서울대학교 사범대학
　　　　국어교육연구소.

김광해(1997), 국어지식 교육론, 국어교육연구소 연구 총서 6, 서울대학교 출판부.

김기혁(1995), 국어 문법 연구, 박이정.

김봉순(1996), 텍스트 의미 구조의 표지 연구, 서울대 박사 논문.

김　선·박보배·박애선·임선빈·임혜숙(1996), 심리학의 이해, 집문당.

김승곤(1991), 한국어 통어론, 건국대 출판부.

김영배·신현숙(1990), 현대 한국어 문법, 한신문화사.

김영채·박권생(1992), 인지심리학, 박영사.

김용도(1987), "텍스트의 文연결에 관한 연구", 외대논총 5, 부산외국어대학.

김용도(1993), 영어 텍스트의 결속 , 동아대 박사 논문.

김임득(1995), "영어교육과 의사소통 기능", 이맹성 정년 기념논문집.

김정남(1991), 동사와 문장구조의 관련성에 관한 연구, 서울대 석사 논문.

김종서(1984), 교육연구의 방법, 배영사.

김종택(1984), 국어화용론, 형설출판사.

김주식(1991), "응집 체계에 관한 이론적 고찰", 영어영문학 7. 동아대학교.

김진우(1994), 언어와 의사소통, 한신문화사.

남기심·조은(1994), "통사와 화용", 현대언어학 지금 어디로, 한신문화사.

노석기(1990), "우리말 담화의 결속 관계 연구", 한글 208호, 한글학회.

논리학 교재 편찬 위원회(1990), 논리학, 대구 대학교 출판부.

박갑수(1977), 문체론의 이론과 실제, 세운문화사.

박갑수 外(1985), 현대 국어 문장의 실태분석, 한국정신문화연구원.

박갑수(1995), 우리말, 바로 써야 한다 1·2, 집문당.

박승윤(1990), 기능문법론, 한신문화사.

박승윤(1994), "기능문법", 현대언어학 지금 어디로, 한신문화사.

박영목·한철우·윤희원(1995), 국어과 교수 학습 방법 탐구, 교학사.

박영순(1987), 한국어 통사론, 집문당.

박영순(1993), 현대 한국어 통사론, 집문당.

박정준(1993), 담화의 텍스트 언어학적 분석 연구, 서울대 석사 논문.

손남익(1995), 국어 부사 연구, 박이정.

서정수(1993), 국어 문법의 연구 Ⅰ, 한국문화사.

서정수(1996), 현대국어문법론, 한양대 출판원.

서 혁(1991), 단락·문장의 중요도 파악과 단락의 주제문 작성능력이 요약에 미치
는 효과, 서울대 석사 논문.

송현정(1994), "호응 관계의 국어교육적 함의", 국어교육학회 제4집.

송현정(1996), "보도 텍스트의 문단 구조 연구", 논문집 58집, 한국 국어교육연구회.

송현정(1996), "국어 호응성의 개념과 관계 유형 연구", 국어교육 91, 한국 국어교육
연구회.

송현정(1997), "언어 지식의 교수 학습 방안 연구", 논문집 63집, 한국 국어교육연구회.

심영택(1995), 문법 지식의 확대 사용 전략에 대한 연구, 서울대 박사 논문.

우형식(1990), 국어 타동 구문에 관한 연구, 연세대 박사 논문.

윤희원(1994), "국어과 교육학의 개관", 교과교육학 탐구, 교육과학사.

이광호(1980), "접속어미 '-면'의 의미 기능과 그 상관성", 언어 제5권 제2호, 한국
언어학회.

이기동(1994), "인지문법", 현대언어학 지금 어디로, 한신문화사.

이남순(1987), 국어의 격표지 생략에 대한 연구, 서울대 박사 논문.

이삼형(1994), 설명적 텍스트의 내용 구조 분석 방법과 교육적 적용 연구, 서울대 박사 논문.

이상태(1995), 국어 이음월의 통사·의미론적 연구, 형설출판사.

이성만(1994), 텍스트 언어학 입문, 한국문화사.

이성만 역(1994), 텍스트 언어학의 이해, 한국문화사.

이성영(1994), 표현 의도의 표현 방식에 관한 화용론적 연구, 서울대 박사 논문.

이성영(1995), "언어 지식 영역 지도의 필요성과 방향", 국어교육연구 제2집, 서울대학교 사범대학 국어교육연구소.

이완기(1995), "'의사소통 능력'의 의미에 관하여", 이맹성 정년 기념논문집.

이용주(1989), "언어의 위상", 국어 교육 65·66, 한국 국어교육 연구회.

이용주(1990a), "言語單位에 대하여", 국어교육 69·70, 한국 국어교육 연구회.

이용주(1990b), "언어단위로서의 (적격)문에 대하여", 국어교육 71·72, 한국 국어교육 연구회.

이용주(1992), "발신자의 '選擇'에 대하여", 선청어문 제20집, 서울대학교 사범대학 국어교육과.

이용주(1993), 한국어의 의미와 문법 1, 삼지사.

이은희(1993), 접속관계의 텍스트 언어학적 연구, 서울대 박사 논문.

이종철(1997), "'언어 지식 영역의 교수·학습 방법'에 대한 토론", 제8회 국어교육 연구 발표대회, 한국국어교육연구회.

임유종·이필영(2004), "부정 표현과 호응하는 부사의 사용 양상과 언어 발달", 한국어 의미학 15, 한국어의미학회.

장경희(1986), 현대 국어의 양태범주연구, 탑출판사.

장경희(1988), "국어의 간접 표현", 주시경 학보1집, 탑출판사.

장경희(1990), "국어 발화의 확대 해석", 한글 209호, 한글학회.

장재성(1993), 악문의 진단과 치료, 문장연구사.

조오현(1994), 국어의 이유구문 연구, 한신문화사.

차진형(1987), 체계 언어학의 이론적 개념, 반석출판사.

채희락(2004), "호응 부사어 구문 분석: 하향 무한 이접성과 인덱스 구구조문법", 언어학 제38호, 한국언어학회.

최영환(1995), "언어 능력 신장의 관점에서 본 언어 지식 영역의 지도 내용", 국어교육연구 제2집, 서울대학교 사범대학 국어교육연구소.

최현배(1982), 우리말본, 탑출판사.

코세류, 신익성 譯(1995), 텍스트 언어학, 사회문화연구소.

텍스트 연구회 편(1993), 텍스트 언어학 1, 서광학술자료사.

한 길(1991), 국어 종결어미 연구, 강원대학교 출판부.

허 웅(1983), 국어학, 샘문화사.

Alden, J. M. and Irwin, J. W.(1986), "Cohesion, Coherence, and Comprehension", *Understanding and Teaching Cohesion Comprehension*, International Reading Association, Inc.

Alshawi, H.(1987), *Memory and Context for Language interpretation*, Cambridge University Press.

Barlow, M.(1988), *Agreement in Natural Language*, Stanford University.

Brinker, K.(1984), *Linguistische Textanalyse*.

Brown, H. D.(1980b), "First Langue Aquisition", *Principles of Language Learning and Teaching*, Korean Student Edition.

Brown, H. D.(1987), *Principles of Language Learning and Teaching*, San Francisco State University.

Carrol, D. W.(1986), *Psychology of Language*, Brooks / Cole Publishing Company.

Chomsky, N.(1964), "Degrees of Grammaticalness", *The Structure of Language*, Englewood Cliffs: Prentice-Hall.

Chomsky, N.(1965), *Aspect of the Theory of Syntax*, Mass.: MIT Press.

Chomsky, N.(1986), *Barriers*, Cambridge, mass.: MIT Press.

David(1989), *The Learner-Centred Curriculum*, Cambridge University Press.

de Beaugrande, R. & Dressler, W.(1981), *Introduction to Text Linguistics*, London; Longman. 김태옥 · 이현호 공역(1991), 담화 · 텍스트 언어학 입문, 양영각.

Denise, D., Margaret, B., Carol, N.(1989), *Thinking Through the Language Arts*, Macmillian Publishing Company, New York, Collier Macmillian Publisher, London.

Fillmore(1968), *The Case for Case*, Universal in Linguistic theiry, Holt Reinhart. 찰스 필모어 · 남용우 外역(1988), 격문법이란 무엇인가, 을유문화사.

Flower, L. S.(1981), *Problem Solving Writing Strategies for Writing*, Harcourt Brace

Jovanovich, Inc.

Flower, L. S. and Hayes, J. R.(1980), "The Dynamics of Composing: Making and Juggling Contraints", *Cognitive Processes in Writing*, Lawrence Erlbaum Associates, Publishers.

Ford, M.(1982), "Sentence Planning Units: Implications for the Speaker's Representation of Meaningful Relations Underlying Senteces", *The Mental Representation of Grammatical relations*, cambridge, M. I. T.

Gazdar, G., Klein, E. Pullum, G. K.(1983), "Order, Concord, and Constituency", *Linguistic Model 4*, Foris Publications.

Givón, T.(1995), "Coherence in Text vs. Coherence in Mind", *Coherence in Spontaneous Text*, John Benjamins B. V.

Grimes, J. E.(1984), *The Thread of Discouse*, Mouton Publishers.

Haiman, J.(1985), *Iconicity in Syntax*, Amsterdam: John Benjamins.

Halliday & Hassan(1976), *Cohesion in English*, London; Longman.

Irwin, J. W.(1986a), "Cohesion and Comprehension: A Research View", *Understanding and Teaching Cohesion Comprehension*, International Reading Association, Inc.

Irwin, J. W.(1986b), "Cohesion Factors in Children's Textbooks", *Understanding and Teaching Cohesion Comprehension*, International Reading Association, Inc.

Johnson, S. B. and Lesiak, J. L.(1989), "Sentence and Paragraph Structure", *Problems in Written Expression*, The Guilford School Practitioner Series.

Kats, J.(1977), *Propositional Structure and Illocutionary Force*, The Graduate Center City University of New York.

Katz & Fodor(1963), "The Structure of a Semantic Theory", *Language 39*.

Katz, J.(1964), "Semi-sentence", *The structure of Language*, Massachusetts institute of technology.

Kirsner, R. S.(1985), "Iconicity and Grammatical Meaning", *Iconicity in Synyax*, John Benjamins Publishing Company, edited by John Haiman.

Kuroda(1969), "Remarks on Selectional Restrictions and Presuppositions.", In Kiefer ed.

Leech, G.(1980), *Explorations in Semantics and Pragmatics*, Amsterdam / John Benjamins B. V.

Leech, G.(1983), *The Principles of Pragmatics*, London; Longman.

Lyons, J.(1969), *Introduction to Theoretical Linguistics*, Cambridge Univ. Press.

Mann & Thompson(1986), "Relational Proposition in Discourse", *Discourse Processes 9*, Ablex Publishing Corporation. Norwood, New Jersey.

Matthew(1981), *Syntax*, Cambridge Univ. Press.

May(1985), *Logical Form: Its Structure and Derivation*, Cambridge, Mass.: MIT Press.

McCawley(1968), "The Role of a Semantics in a Grammar.", In Bach & Harms eds.

Mcneil, J. D.(1984), *Reading Comprehension*, University of California, Los Angeles.

O'Grady, W.(1987), *Principle of Grammar & Learning*, The University of Chicago Press.

Odell, L.(1980), "Teaching Writing by Teaching the Process of Discovery: An Interdisciplinary Enterprise", *Cognitive Processes in Writing*, Lawrence Erlbaum Associates, Publishers.

Oxford, R.L.(1989), *Language Learning Strategies*, The University of Alabama.

Phillips, M.(1985), *Aspects of Text Structure*, Amsterdam; New York: North-Holland; New York, N. Y.

Piajet, J.(1926), *The Language and Thought of the Child*, London: Routledge & Kegan Paul.

Sanders, T. J. M., Spooren, W. P. M. Noordman, L. G. M.(1992), "Toward a Taxonomy of Coherence Relations", *Discourse Processes 15*, Ablex Publishing Corporation. Norwood, New Jersey.

Singer, M.(1990), *Psychology of Language*, University of Manitoba.

Stern, H.H.(1983), *Fundamental Concepts of Language Teaching*, Oxford University Press.

Tarvainen, K.(1981), *Einführung in die Dependenzgrammatik*, Tübingen, 이점출 옮김 (1991), 의존문법 개론, 한신문화사.

Traugott, E. C.(1985), "Conditional Markers", *Iconicity in Synyax*, John Benjamins Publishing Company, edited by John Haiman.

van Dijk(1980), *Text and Context*, University of Amsterdam, Longman.

van Dijk & Kintsch, W.(1983), *Strategies of Discouse Comprehension*, Academic Press.

Waldron, T. P.(1985), *Principles of Language and Mind*, Routledge & Kegan Paul: London, Boston, Melbourne and Henley.

자 료

교육부(1996), 고등학교 문법, 서울대학교 사범대학 국어교육연구소
조성식 編(1990), 영어학 사전, 신아사.
운평어문연구소(1995), 금성판 국어사전, 금성교과서.
이정민·배영남(1993), 언어학 사전, 박영사.
한글학회(1994), 우리말 큰사전, 어문각.

- 호응 관계의 이론적 체계화와 교육적 지도 방안

이 책에서는 두 언어 형식이 동반의 관계로 실현되는 언어 양상인 호응 관계의 문법적 체계를 밝히고 나아가 교육적으로 활용할 수 있는 방안을 제시하고 있다.

호응 관계는 동반 고정성, 형태 분리성, 의미 부가성 등의 특성을 보이고 동반성의 원리와 정교화의 원리에 의하여 이루어진다. 또한, 호응 관계의 어휘들은 일반 어휘들과 변별되는 제한적인 의미 자질을 가지고 있으며 통사 구조면에서도 제한성이 있다. 언어 현실에서 중요한 표현 양상의 하나인 호응 관계는 교육적으로 필요한 내용이 선정되어야 하고 그에 따라 호응 관계의 특성을 살릴 수 있는 방식으로 지도되어야 함을 구체적으로 밝혔다.

송현정(宋弦貞)

서울 출생
서문여자고등학교 졸업
서울대학교 국어교육과 졸업(학사)
서울대학교 대학원 국어교육과 졸업(석사 및 박사)
연세대, 이화여대 강사 역임
한국교육과정평가원 연구위원
문법교육학회 이사

- 주요 논저 -

『문법교육의 이해와 실제(송현정)』
『국어 표현·이해 교육(박갑수 외 공저)』
『국어교육론 1(박영목·민현식·김종철 외 공저)』
「국어과 교육내용의 적정성에 대한 연구」
「국어 교과서 검정제에 관한 실태 분석과 도입의 방향 탐색」
「제7차 교육과정에 따른 국어과의 학습량 분석 연구」
「문법 교육의 개선 방안 연구」
「대학수학능력시험 언어 영역 난이도 관련 변인 연구」
「국어지식의 교과서 제시 방식에 관한 분석」
외 다수

● 호 응 관 계 연 구

• 초판 인쇄	2007년 4월 20일
• 초판 발행	2007년 4월 20일
• 지 은 이	송현정
• 펴 낸 이	채종준
• 펴 낸 곳	한국학술정보㈜
	경기도 파주시 교하읍 문발리 526-2
	파주출판문화정보산업단지
	전화 031) 908-3181(대표)·팩스 031) 908-3189
	홈페이지 http://www.kstudy.com
	e-mail(출판사업팀사업부) publish@kstudy.com
• 등 록	제일산-115호(2000. 6. 19)
• 가 격	22,000원

ISBN   978-89-534-6605-0 93710 (Paper Book)
        978-89-534-6606-7 98710 (e-Book)